L'INVESTISSEMENT DANS TOUTE SA SIMPLICITÉ

LES 49 CONSEILS ESSENTIELS EN MATIÈRE DE FINANCES PERSONNELLES, DE GESTION DE PATRIMOINE ET DE TRADING QUE LES PROS DEVRAIENT PARTAGER

NORMANDEAU, FRANCK

TABLE DES MATIÈRES

INTRODUCTION

Je travaille dans le domaine de la finance depuis plus de 20 ans maintenant et j'ai remarqué, à mon grand désarroi, qu'une grande majorité des gens ne comprennent toujours pas la *Game* ou, à tout le moins, comment la jouer.

Je me considère comme un mordu de la finance; j'en mange au petit-déjeuner, au dîner, au souper et comme collation le soir avant de me coucher. Il m'arrive même parfois de me lever en cachette pendant la nuit pour en manger encore. Par le passé, j'ai eu la chance de tomber sur une multitude d'articles et de livres qui m'ont inspiré au plus haut point et ont fait de moi un meilleur investisseur. Des livres comme *The Little Book of Behavioral Investing* de James Montier, *Lettre ouverte aux investisseurs irresponsables* d'André Gosselin, *The Wealthy Barber* de David Chilton, *The Slight Edge* de Jeff Olson ou *Security Analysis* de Graham & Dodd. Ces ouvrages sont, à mon avis, un *must* pour toute personne qui souhaite sérieusement devenir un maître dans l'art de l'investissement.

Vous n'êtes pas le genre de personne passionnée par la finance et la lecture des trois lignes de nouvelles économiques que votre téléphone intelligent vous impose chaque matin suffit à vous donner la nausée jusqu'à l'heure du déjeuner? Alors ce livre est pour vous. Je comprends que vous avez probablement mieux à faire que de vous taper 5 000 pages de théorie financière et que même si vous avez le temps, l'indigestion vous frappera bien avant la fin de la 100e page. C'est pourquoi j'ai écrit ce livre. Ce que je vous offre ici, c'est juste des bonbons et aucun légume. Je vous offre le punch du film avant la fin, le score final du match avant le match. Je vous offre une version condensée, résumée et re-condensée des meilleurs livres, articles et concepts financiers qu'il m'a été donné de lire au courant des vingt dernières années, à laquelle j'ajoute bien sûr ma propre touche. Du manger mou pour votre cerveau qui va entrer tout seul et ne sera pas difficile à digérer.

Mon engagement envers vous...

Je ne ferai pas de vous des experts de la finance, je ne vous donnerai pas mes plus belles formules que seul un expert pourrait comprendre. Je ne vous perdrai pas avec des concepts et une terminologie d'intellectuel et, je l'espère, je ne vous donnerai pas la nausée.

Ce que je veux faire...

Vous instruire de manière simple, rapide et plaisante, faire de vous de meilleurs investisseurs et finalement vous permettre de vous enrichir... Pourquoi pas?

Si c'est votre tasse de thé, alors tournez la page et entrons dans le vif du sujet. ....

CHAPITRE 1

NOUS SOMMES PRÉDISPOSÉS À L'ÉCHEC / IL FAUT TUER JOE

Qu'est-ce qu'il veut dire, celui-là? Nous sommes prédisposés à l'échec? Ce que je veux dire, c'est que notre cerveau est fondamentalement conçu pour faire de nous de mauvais investisseurs. Notre cerveau nous joue des tours et n'a pas nécessairement les mêmes priorités que celles de votre comptable.

En effet, imaginez que votre cerveau est composé de deux petits bonhommes qui ont deux personnalités complètement différentes. Tout d'abord, il y a JOE. Joe est un homme d'action. Il est vif comme le chat, courageux et fort, tout en restant proche de ses émotions.

Puis il y a SHERLOCK. Sherlock est plus du type intellectuel, logique, déductif et analytique. Sherlock aime prendre son temps.

Bon, je vous arrête tout de suite si vous vous comparez à JOE ou à SHERLOCK. Ne perdez pas votre temps, nous sommes tous à la fois JOE et SHERLOCK. Il est vrai que certaines personnes sont plus JOE que SHERLOCK et vice versa, mais en général, nous sommes les deux. Rappelez-vous la dernière fois que vous avez regardé un film d'horreur ou l'un de ces clips d'épouvante que vous trouvez sur Youtube. Vous savez que ce n'est qu'un film, vous savez que vous n'êtes en aucun cas en danger, mais néanmoins, lorsque le type effrayant avec la tronçonneuse surgit du coin sombre de façon inattendue, vous sautez dans votre siège, vous vous cachez le visage, vous reculez ou vous attrapez la télécommande pour mettre le son en sourdine parce que c'est moins effrayant de cette façon. Vous venez de rencontrer JOE. Quelques secondes plus tard, vous vous dites : « Je suis si bête, je savais que ce n'était qu'un film idiot et donc qu'il n'y avait pas de réel danger ». Félicitations, vous venez de rencontrer SHER-LOCK. Vous voulez un autre exemple ? Remarquez la prochaine fois que vous vous cognez les orteils sur un pied de chaise. Votre premier réflexe sera probablement de jurer contre la chaise, peut-être même de lui donner un coup, pourtant en tant qu'objet inanimé, la chaise ne mérite probablement pas ce traitement. Encore une fois, c'est JOE qui a parlé en premier. En fait, SHER-LOCK est probablement en train de se moquer de JOE en ce moment même.

Ne pensez pas que ça fait de vous une moins bonne personne, ça fait simplement de vous une personne normale. Vous voyez, JOE est fait pour parler en premier, c'est une question de survie. Quand quelque chose t'attaque, peu importe si c'est un type effrayant avec une tronçonneuse, un serpent ou une méchante chaise, mieux vaut s'enlever de là d'abord et déterminer ensuite si c'était nécessaire, que de rester là et de prendre deux minutes pour déterminer si c'est vraiment nécessaire d'agir. C'est un peu comme si l'information était transmise à JOE et à SHERLOCK en même temps, mais en prenant la super autoroute à douze voies de large et aucune limite de vitesse dans le premier cas et la route panoramique de campagne dans le second.

Il existe un moyen de mesurer si vous êtes plus JOE ou plus SHERLOCK. En fait, un professeur de Yale, Shane Frederick, a créé un petit test composé de trois questions simples destinées à déterminer à quel point vous êtes JOE ou SHERLOCK. Faites le test avec moi pour le plaisir...

1. Une batte de baseball et une balle coûtent ensemble 1,10 $. Sachant que la batte coûte 1,00 $ de plus que la balle, combien coûte la balle?
2. S'il faut 5 minutes à 5 machines pour créer 5 widgets, combien de temps faudrait-il à 100 machines pour créer 100 widgets?
3. Un lac est partiellement couvert par une parcelle de nénuphars. Chaque jour, la partie du lac couverte par la parcelle double de taille. S'il faut 48 jours pour que la parcelle recouvre la totalité du lac, combien de jours faut-il pour recouvrir la moitié du lac?

CHACUNE DE CES QUESTIONS A UNE RÉPONSE ÉVIDENTE DE SORTE que si vous laissez JOE répondre à ces questions, vos réponses seront probablement 10 cents pour la balle de baseball, 100 minutes pour les 100 widgets et 24 jours pour couvrir le lac. Ces trois réponses sont peut-être très évidentes, mais elles sont aussi complètement fausses. Cependant, si c'est SHERLOCK qui a répondu à ces questions, vos réponses seraient plutôt 0,05 $ pour la balle de baseball (si la balle valait 0,10 $, la batte coûterait 1,10 $ et le total serait de 1,20 $), 5 minutes pour fabriquer les 100 gadgets (chaque machine produit 1 gadget toutes les 5 minutes) et 47 jours pour recouvrir la moitié du lac (si la parcelle double chaque jour et qu'au 48e jour le lac est complètement recouvert, eh bien, la veille il était à moitié recouvert). N'allez pas vous lancer du haut du pont si vous vous êtes trompé, Shane Frederick a fait passer le test à 3 500 universitaires et seuls 17 % d'entre eux ont eu tout bon, tandis que deux fois plus (33 %) ont eu tout faux. Tout ce que vous pouvez conclure de votre résultat est que si vous avez tout faux, vous devez faire attention à la réponse émotionnelle, tandis que si vous avez tout juste, vous devez faire attention à l'excès de confiance.

Je m'en souviens comme si c'était hier. Nous sommes en novembre 2016, à quelques jours de l'élection américaine et une folle rumeur commence à circuler : **Donald Trump pourrait être élu**. Je n'en crois pas mes oreilles, mais on n'en serait pas à notre premier scandale électoral, la prudence est donc de mise. Je décide de contacter tous mes clients pour les informer de mon intention de vendre temporairement toutes nos positions en actions, du moins pour la période électorale. Notre performance depuis le début de l'année double celle de l'indice de référence, donc, à mon sens, nous pouvons nous permettre de perdre une semaine de rendement et je suis d'avis que si, par je ne sais quel miracle, M. Trump était élu, bien que très peu probable, les marchés en souffriraient de la manière la plus brutale. Coup de théâtre, c'est soir d'élection et c'est maintenant officiel : Donald Trump est le nouveau président américain. Mon premier réflexe est de regarder les indices futurs sur les différents marchés mondiaux, ce qui me donne un avant-goût de la journée qui m'attend demain. Sans grande surprise, les marchés sont en baisse de 9 % et la nouvelle est encore toute fraîche. La nuit va être longue pour ceux qui n'ont pas pris la peine de faire comme moi la veille. Je vais me coucher avec le sentiment du devoir accompli et je dors comme un bébé car rien de tout cela n'affecte ma clientèle. Je sais à quoi m'attendre demain, je recevrai appel sur appel de clients qui me jetteront des fleurs pour ma vision et mes compétences. Bref, la vie est belle. Le lendemain matin, la première chose que je fais en ouvrant les yeux : j'accroche mon téléphone portable pour voir où en sont les marchés. Moins 12 %, moins 14 %, peut-être même moins 16 %, qui sait.... Mais à ma grande surprise, nous ne sommes plus qu'à -2 %. Je me demande maintenant ce qui s'est passé pendant la nuit pour expliquer ce retournement de situation. Tout cela n'était-il qu'un rêve ou une mauvaise blague peut-être ? Non, Donald Trump est bien le nouveau président et, en plus, il est majoritaire. Toujours perplexe, j'écoute Bloomberg dans la voiture sur le chemin du bureau, mais je reste sans réponse. Il est maintenant 11 h et Hillary Clinton est sur le point de prononcer son discours à la nation. Sans grande surprise, elle sort le discours classique que presque tous les perdants utilisent depuis 200 ans. Vous connaissez le genre : « Je suis évidemment déçue du résultat, mais je vais néanmoins féliciter notre nouveau président, m'aligner derrière lui et demander à tous mes supporters de faire de même pour un pays fort et uni, blablabla.... » C'est à ce moment précis que le déclic s'est produit dans ma tête. En d'autres termes, c'est à ce moment-là que Sherlock s'est finalement joint à la fête. Sherlock, lui, a su mettre ses émotions de côté et a compris que, pour l'instant du moins, le scénario actuel n'était rien de moins que le meilleur résultat possible. Sherlock a compris que le fait d'avoir un gouvernement majoritaire fournirait un bien meilleur environnement pour les marchés boursiers. Sherlock a également compris que Super Donald, avec certaines de ses promesses de campagne, notamment ses réductions d'impôts, aurait un impact positif sur les marchés (du moins à court terme). Sherlock a même compris que les marchés aiment la stabilité et qu'avoir Hillary dans le camp des perdants apporterait plus de stabilité que Trump (qui criait au scandale avant même d'avoir perdu l'élection). C'est donc à ce moment précis que j'ai décidé de réintégrer mes positions initiales, alors que les marchés avaient déjà récupéré la quasi-totalité de leurs pertes. Au final, tout cela ne nous a peut-être pas épargné grand-chose, si ce n'est une baisse de 0,2 %, mais nous a tout de même permis, à moi et à plusieurs clients, de dormir comme un bébé ne serait-ce que le temps d'une nuit.

Ce que vous devez retenir ici, c'est que notre première réponse est toujours notre réponse émotionnelle et généralement la pire lorsqu'il s'agit de parler d'investissement. Dans un monde idéal, SHERLOCK éliminerait JOE et nous serions en excellente disposition pour investir (bien que dans un piteux état la prochaine fois que nous nous retrouverions face à un fou à la tronçonneuse).

CECI DIT, IL Y A UNE LUMIÈRE AU bout du tunnel. Maintenant que nous sommes conscients de notre vulnérabilité, nous avons un avantage significatif sur tous les JOEs de ce monde. Pour reprendre un vieux dicton bien de chez nous : « Un fou qui est un fou mais qui sait qu'il est un fou est beaucoup moins fou qu'un fou qui est un fou mais qui ne sait pas qu'il est un fou. »

CHAPITRE 2

VOUS ÊTES VOTRE PROPRE PIRE ENNEMI / 9 PIÈGES QUE VOUS METTREZ TRÈS PROBABLEMENT SUR VOTRE CHEMIN

François, es-tu en train de me dire que comme s'il ne suffisait pas d'avoir une prédisposition à l'échec, nous devrons nous battre contre nous-mêmes pour atteindre nos objectifs?

EH BIEN .... OUI!

COMME L'A DIT UN JOUR WARREN BUFFETT, « INVESTIR EST simple mais pas facile. » Vous voulez devenir un maître dans l'art de l'investissement? Eh bien je suis désolé de vous le dire, mais il y a encore une série de vulnérabilités et de pièges que vous devrez éviter.

PREMIER PIÈGE : TOUJOURS ESSAYER D'AVOIR RAISON (NARCISSISME)

Jouez à un jeu avec moi. Je vous donne une série de trois nombres (5, 10, 15) et vous demande de trouver la règle que j'ai utilisée pour construire la séquence. Vous pouvez me proposer autant de nouvelles séries que vous le voulez et pour chacune de vos séries, je vous dirai si la règle s'applique ou non. Si vous êtes comme la plupart des gens, votre première séquence ressemblera à (10, 15, 20) ou (20, 25, 30). Et si je vous dis que ces séries correspondent effectivement à ma règle, vous saurez alors avec certitude que ma règle est quelque chose comme une série de chiffres qui augmente de cinq. Ce qui est faux. La réalité est que vos séquences ne vous ont rien appris de nouveau. En fait, vous n'avez même pas essayé d'apprendre quoi que ce soit. Vos séquences avaient simplement pour but de confirmer une idée préconçue que vous aviez de ma règle. Votre véritable objectif n'a jamais été de découvrir de nouvelles informations qui vous aideraient finalement à trouver la solution; c'était de confirmer que vous aviez raison.

Vous voyez, c'est dans l'échec que nous apprenons vraiment quelque chose. De nombreuses découvertes qui ont changé le monde sont le résultat d'erreurs : la pénicilline (Alexander Fleming), les radiations (Marie Curie), la gravité (Isaac Newton), le plastique (Charles Goodyear), le pacemaker (Wilson Greatbatch) et même les Corn Flakes (John Kellogg). Bon, j'admets que les Corn Flakes n'ont peut-être pas changé le monde, mais vous comprenez néanmoins le concept. Thomas J. Watson, fondateur d'IBM, avait un dicton : « La formule du succès est très simple : doublez votre taux d'échec. »

Pour en revenir à notre petit jeu, c'est seulement en ayant tort que vous auriez pu éventuellement finir par avoir raison. Ironique, n'est-ce pas? En effet, si vous m'aviez dit (10, 3, 1) ou (15, 10, 5) et que je vous avais répondu un gros NON. Alors, et alors seulement, vous auriez vraiment appris quelque chose de concret. Ma règle était celle des nombres croissants, donc (2, 5, 100 156 000 851) aurait aussi été une bonne série. Mais la seule façon de le savoir avec certitude, et non de le deviner, était de vous faire dire non.

Vous vous demandez probablement où je veux en venir. Eh bien, en tant qu'êtres humains, nous aimons beaucoup plus avoir raison qu'avoir tort. Nous essayons constamment, consciemment ou inconsciemment, d'avoir raison et de confirmer nos idées préconçues. Ainsi, si vous avez une idée préconçue sur un sujet qui vous intéresse et que vous commencez à faire des recherches, votre cerveau va instinctivement extraire tout ce qui confirme ce que vous pensez déjà, tout en ignorant le reste.

Je fais la même chose tout le temps. Je cherche un hôtel pour les vacances, je regarde les commentaires des voyageurs qui ont utilisé le même hôtel dans le passé, je ne lis que les commentaires positifs et je discrédite les négatifs : « C'est un vieux commentaire », « Les gens ont des attentes trop élevées », etc... Je fais la même chose quand je lis les critiques d'un film que j'ai vraiment envie de voir : « Ce ne sont pas de vrais fans », « Ce n'est pas grave, moi j'ai pas lu le livre », « Ce sont juste des jeunes qui ont fait des commentaires », etc.

L'un des exemples les plus extrêmes de ce phénomène est l'histoire de Sir Roger Tichborne, le fils unique d'une riche baronne anglaise, présumé mort dans un naufrage en 1854. Surprise,

surprise, l'enfant prodige revient au pays après douze ans d'absence pour réclamer sa place d'héritier légitime de la famille. Le seul problème est que le soi-disant fils est plus grand de quelques centimètres et a une carrure beaucoup plus importante que son soi-disant alter ego. Bon, vous me direz qu'il est possible de grandir et de prendre du poids. Mais il était un peu plus difficile en 1860 de faire disparaître des tatouages, de changer la couleur de ses yeux, de ne plus parler sa langue maternelle et de faire disparaître des taches de naissance. Bien que tous les signes indiquaient sans aucun doute que cet homme était un imposteur, la baronne a trouvé le moyen d'ignorer toutes ces évidences. Ce n'est qu'après la mort de la baronne que la famille a pu prouver la véritable identité d'Arthur Orton, le boucher du village voisin, ce qui a valu à l'imposteur un séjour en prison pour les dix années suivantes. La baronne était si désespérée de retrouver son fils perdu qu'elle a tout simplement ignoré tous les signes contradictoires.

Ce genre de comportement peut coûter très cher en investissement, mais heureusement, il existe une astuce. Charles Darwin avait l'habitude de n'analyser que les opinions contradictoires aux siennes et je dirais que cela lui a bien servi. Lorsque vous prenez une décision d'investissement (comme toute autre décision d'ailleurs), dressez une liste des <u>avantages</u> et des <u>inconvénients,</u> **mais sans les avantages.**

Bruce Berkowitz de Fairholme Capital Management pousse ce concept à l'extrême. Lorsqu'il envisage un investissement, plutôt que d'essayer de trouver des informations qui soutiendraient l'investissement, il essaie de tuer l'entreprise. Qu'il s'agisse d'une récession, de l'inflation, d'un tremblement de terre, d'un taux d'intérêt en hausse ou d'une bombe qui explose, il envisage tous les scénarios possibles. S'il ne peut pas la tuer, peut-être qu'il est sur une piste.

En d'autres termes, pendant un moment, devenez la version la plus pessimiste de vous-même en partant du principe que tout n'est jamais tout noir ou tout blanc. Trouvez tout ce qui est noir et faites-en une liste. Pas de blanc, votre tête en est déjà remplie, nous n'en voulons pas plus. Ensuite, parcourez votre liste et déterminez si vous pouvez vivre avec tout ce noir. Si vous le pouvez, eh bien, cette décision pourrait bien être la bonne. De plus, cet exercice vous permettra également de prendre conscience de la vulnérabilité de votre investissement, ce qui vous permettra par la suite de réagir de manière appropriée si la situation l'exige.

Je suis le genre de personne optimiste qui voit généralement le verre à moitié plein. Mais lorsqu'il s'agit d'analyser un investissement, il est préférable de voir le verre à moitié vide. Voyez-le complètement vide si vous voulez, c'est encore mieux.

ÉTUDE DE CAS PARTIE 1

Il y a quelques années déjà, en plein dîner familial de l'Action de grâce, alors que j'étais encore en train de déguster ma deuxième part de tarte au sucre, mon beau-frère s'approche pour me parler du tuyau qu'un de ses amis du travail lui a partagé sur cette société pharmaceutique, « Slim », encore inconnue de l'industrie, mais sur le point de lancer un produit révolutionnaire dans le domaine de la perte de poids et qui est promise à un bel avenir. D'abord légèrement insulté, je passe en mode sceptique, avant de finir par être intrigué. Le lendemain, je fais des recherches en ligne sur Slim pour me rendre compte que la société en question existe bel et bien, qu'elle fait effectivement des recherches dans le domaine de la perte de poids et qu'elle est sur le point d'obtenir un brevet de la FDA (*Food and Drug Administration*) pour la commercialisation d'un nouveau produit révolutionnaire. Je regarde de nombreuses vidéos qui font état des résultats miraculeux du produit en question et je vais même jusqu'à lire plusieurs analyses d'un nombre impressionnant de médecins qui confirment que c'est bien réel. C'est donc avec le sentiment du devoir accompli, car après tout, j'ai fait mes devoirs, que je décide d'aller de l'avant et d'investir dans l'entreprise en question. Mais ai-je vraiment fait mes devoirs ?

NON, mes recherches avaient pour but de confirmer ce que je voulais confirmer et non de découvrir de nouvelles informations qui me permettraient finalement de déterminer rationnellement si l'investissement était approprié ou non. Mes recherches n'ont en aucun cas révélé que Slim était criblée de dettes, qu'elle faisait face à de nombreuses poursuites judiciaires et que son PDG en était à sa cinquième entreprise en quatre ans (les quatre précédentes ayant échoué lamentablement).

DEUXIÈME PIÈGE : TROP, C'EST COMME PAS ASSEZ!
(SURCOMPLIQUER)

Parfois, avec toutes les meilleures intentions du monde, nous avons tendance à dépasser les limites. Nous partons à la recherche de tout ce qu'il y a à savoir sur l'investissement que nous envisageons. Au bout du compte, la plupart du temps, nous nous paralysons sous l'effet d'informations écrasantes et nous finissons par ne rien faire. Dans la police, on appelle cela une orgie de preuves. Trop, c'est comme pas assez. Au lieu de collecter toutes les informations possibles, et croyez-moi, il y en a beaucoup, vous devriez concentrer votre énergie sur les informations qui sont importantes pour vous.

Il n'y a pas si longtemps, mon fils envisageait d'acheter un vélo électrique. C'est une grosse dépense pour lui, en fait, cela représente presque tout l'argent qu'il a récolté cet été en travaillant six jours par semaine dans trois emplois différents. Bref, je n'ai pas besoin de vous dire qu'il ne veut vraiment pas se tromper. Commence alors le processus de recherche. Deux semaines plus tard, mon fils a rassemblé une quantité impressionnante de données sur presque toutes les bicyclettes électriques disponibles sur le marché. Toutes sortes de données comme le type de cadre, la classe, le moteur à entraînement par moyeu, le moteur à entraînement intermédiaire, les watts, le temps de charge, le nombre de batteries, le type de batterie, la batterie intégrée, la batterie externe, le couple, le niveau d'assistance au pédalage, l'intégration du smartphone, le système de sécurité, la suspension, la fourche, le pédalier, les manettes, le dérailleur, les vitesses, les freins, les jantes, les pneus et bien plus encore. Deux semaines plus tard, je demande à mon fils s'il a finalement choisi un vélo et à ma grande surprise, il me dit qu'il est plus loin de trouver son vélo qu'il ne l'était quand il a commencé tout ça. TROP, C'EST COMME PAS ASSEZ. Alors j'ai dit à mon fils :

> ***- Oublie toutes ces conneries, pourquoi voulais-***
> ***tu vraiment un vélo électrique au départ?***
> *- Pour aller chez mes amis, même ceux qui vivent*
> *plus loin, sans dépenser trop d'énergie dans le*
> *processus.*
> ***- OK, donc ce dont tu as besoin, c'est de quelque***
> ***chose avec une bonne portée. Quoi d'autre?***
> *- J'aimerais que ce soit rapide.*
> ***- Évidemment. Autre chose?***
> *- Ce serait bien s'il avait de gros pneus pour aller*
> *hors route et avoir un vélo qui a l'air cool.*
> ***- C'est tout?***
> *- C'est tout.*

Bref, ce que que mon fils avait besoin de regarder, c'était quatre choses : l'autonomie, la vitesse maximale, les pneus et bien sûr l'apparence générale. Il est amusant de constater que la plupart de ces propriétés ne faisaient même pas partie de sa collection de données. Mon fils a acheté le vélo électrique parfait pour lui dans l'heure qui a suivi notre conversation.

C'est la même chose pour n'importe quel investissement, la quantité d'informations disponibles est bien trop importante pour que vous puissiez envisager de toutes les rassembler, et même si vous y parvenez, la paralysie vous frappera comme une tonne de briques avant que vous ne parveniez à tout analyser. Croyez-moi, j'ai essayé. Concentrez-vous sur les informations qui sont significatives pour vous. Pour ma part, j'ai un système basé sur 50 informations différentes (28 quantitatives, 22 qualitatives). Cela peut sembler beaucoup, mais c'est en fait 50 parmi des milliers.

Une étude récente a été réalisée pour prouver que parfois, moins d'informations est préférable lorsqu'il s'agit de prendre une décision. Dans cette étude, on a demandé aux participants de choisir la meilleure de quatre voitures différentes. L'une des voitures était clairement le meilleur choix, alors que 75 % de ses attributs étaient largement supérieurs à ceux des trois autres voitures. Au début, on a donné au groupe seulement quatre attributs par voiture et on leur a demandé de choisir. Environ 60 % des participants ont choisi la meilleure voiture. La deuxième fois, ils ont donné au groupe douze attributs par voiture (y compris les quatre attributs initiaux) et leur ont demandé de choisir la meilleure voiture. Cette fois, seuls 20 % ont fini par choisir la bonne voiture. De plus, lorsqu'on leur a demandé le niveau de confiance dans leur choix de voiture, les candidats ont semblé être beaucoup plus confiants dans leur analyse avec les douze attributs que s'ils n'en avaient que quatre.

∽

ÉTUDE DE CAS PARTIE 2

Bien que j'aie déjà fait l'investissement, une petite voix au fond de ma tête (Sherlock) me dit que je n'ai peut-être pas été aussi minutieux dans mes analyses de « Slim » que je l'aurais dû et que je devrais peut-être y mettre plus d'efforts. Après tout, puisque j'ai fait l'achat il y a deux jours et que rien n'a bougé jusqu'à présent, il n'est pas trop tard pour en sortir si quelque chose se cloche.

Mais cette fois, je vais faire les choses correctement. Je ne laisserai aucune pierre non retournée et je rassemblerai toutes les informations possibles sur cette entreprise. Mes recherches génèrent des centaines et des centaines de pages d'examen, d'analyse, d'états financiers, de ratios, de documents de recherche médicale, d'articles, de vlogs, de blogues, etc. Plusieurs jours se sont écoulés et je n'ai même pas réussi à parcourir 2 % de tout ce que j'ai collecté. Je me rends compte que cela va me prendre des années et que d'ici à ce que j'aie fini, de nouvelles données seront disponibles et certaines de mes anciennes seront dépassées. C'est une tâche impossible. Quoi qu'il en soit, ça fait deux semaines que j'ai acheté « Slim » et il a déjà augmenté de 5 %, donc cette petite voix dans ma tête s'est tue et je suis maintenant confiant d'avoir fait le bon choix. Ces deux semaines peuvent sembler une grosse perte de temps, mais à la fin de la journée, je suis meilleur qu'il y a deux semaines, non ?

NON, tu n'est pas mieux, et OUI, ces deux semaines ont été une perte de temps totale. Tes recherches ont détourné ton attention de ce sur quoi tu aurais dû te concentrer. Maintenant, je suis désolé de te le dire, mais tu es plus aveugle que jamais.

TROISIÈME PIÈGE : PARFOIS, C'EST FINI, AVANT LA FIN (L'ENTÊTEMENT)

<u>CAS n° 1</u> : Vous êtes le président d'une société pharmaceutique et vous avez dépensé 90 millions de dollars en recherche pour un nouveau médicament révolutionnaire qui guérira la calvitie. Alors que vous avez réalisé 90 % du projet, une société concurrente sort son propre médicament pour guérir la calvitie, pire, son médicament est en tout point bien meilleur et plus économique

que le vôtre ne pourrait jamais l'être. Que faites-vous ? Dépensez-vous les 10 millions de dollars nécessaires pour achever le vôtre?

80 % des gens vous diront de dépenser les 10 millions de dollars nécessaires pour terminer le médicament.

<u>CAS n° 2</u> : Vous êtes le président d'une société pharmaceutique et vous recevez une recommandation de l'un de vos chercheurs de dépenser 1 000 000 $ pour un médicament qui guérira la calvitie. Votre principal concurrent a déjà son propre médicament pour guérir la calvitie et ce dernier est, en tout point, bien meilleur et plus économique que le vôtre ne pourrait jamais l'être. Quelle est votre décision?

80 % des gens vous diront de ne pas dépenser les 1 000 000 $ nécessaires à la réalisation.

Je ne sais pas si c'est parce que cela nous prend beaucoup de temps et d'efforts pour mettre la machine en marche que nous sommes prêts à continuer dans la mauvaise direction même si nous sommes conscients de notre échec éventuel, mais il semble qu'après un certain point, nous ne sommes pas capables de lâcher prise. Au poker, on appelle cela *Pot Committed*.

J'espère que vous réalisez qu'ironiquement, la plupart des gens sont prêts à dépenser 10 millions de dollars pour une cause perdue juste parce qu'une personne est engagée, alors que ces mêmes personnes considèrent trop cher 10 fois moins d'argent pour obtenir la même chose si aucun $$$ n'a été dépensé jusqu'à présent.

La même chose se produit tout le temps en matière d'investissement. Vous aurez des surprises, c'est inévitable. Vous devrez constamment vous demander : « Cette nouvelle information change-t-elle la donne? » Oubliez ce que vous avez fait dans le passé. Aujourd'hui, à la lumière de toutes les informations disponibles, feriez-vous la même chose si c'était à refaire? Si la réponse est oui, alors vous maintenez le cap, sinon, vous pouvez reconsidérer votre stratégie.

~

ÉTUDE DE CAS (PARTIE 3)

Cinq mois frustrants se sont écoulés depuis le jour où j'ai décidé d'investir 20 % de mon portefeuille dans « Slim ». Moins 50 % plus tard, je maintiens toujours ma position dans la société et je me demande si je dois encore garder le cap. La fameuse approbation de la FDA (*Food and Drug Administration*) pour le lancement du nouveau produit est toujours en attente. Entre-temps, certains concurrents de « Slim » ont déjà commercialisé avec succès des produits étrangement similaires à celui de « Slim ». Cela dit, je sais qu'en matière d'investissement, il faut acheter bon marché et vendre cher, j'ai donc décidé de doubler ma position. Bonne ou mauvaise stratégie?

Mauvaise. Oubliez le passé. Sur la base de toutes les informations dont vous disposez aujourd'hui et en supposant que vous n'ayez jamais investi dans « Slim » en premier lieu, feriez-vous cet investissement aujourd'hui? Sûrement pas. Doubler sa position peut être une bonne stratégie dans le cas où le fondamental de l'investissement reste intéressant, ce qui n'est pas le cas ici (Pot Engagé).

QUATRIÈME PIÈGE : QUAND L'HISTOIRE PREND LE DESSUS (PERSUASION)

Aujourd'hui, c'est votre jour de chance, car aujourd'hui, je vais vous permettre de bénéficier d'une offre incroyable. Vous voyez, pour un temps limité, vous aurez accès à cette opportunité exceptionnelle qui rendra jaloux tous vos proches. En effet, pour un temps limité, je vais partager avec vous le secret le mieux gardé au monde, l'astuce que toutes les stars d'Hollywood ont compris, blablablablabla... Votre succès ne dépend que de vous, décrochez le téléphone et changez votre vie! Mais ce n'est pas tout! Si vous procédez dans les 15 prochaines minutes, non seulement vous n'aurez que trois paiements de 69,99 $ au lieu de quatre, mais je vous donnerai aussi mon cahier d'exercices et deux/trois gadgets inutiles qui valent moins que leur emballage. Le tout d'une valeur de 399,99 $, tout cela pour la modeste somme de blablabla...... Ajoutez quelques témoignages de beaux acteurs, grassement payés pour vous jurer que ce produit a changé leur vie, et vous avez la totale.

Trop souvent, nous nous laissons entraîner dans une belle histoire remplie de belles promesses. C'est probablement la plus vieille technique de vente au monde, mais elle reste l'une des plus efficaces... Vous avez tous vu une de ces infopublicités dont le but est de vous convaincre d'acheter un gadget « made in China » qui résoudra un problème que vous n'aviez pas auparavant...

Si vous êtes de ceux qui pensez que ce genre de chose ne fonctionne pas, détrompez-vous! Non seulement ça marche, mais ça marche très bien. Parlez de M. Shamwow qui est devenu multi-millionnaire en faisant de gros WOW à la télévision. Ou « Snuggie » qui a, à ce jour, généré plus de 400 millions de dollars en ventes.

Ce que vous devez comprendre, c'est qu'une grande partie du succès de ce type de méthode de vente est liée au sentiment d'urgence. Pourquoi? Parce que celui qui vous vend quelque chose veut que ce soit Joe qui prenne la décision et non Sherlock. Si l'infomercial de l'URO CLUB (PS : regardez-le, vous allez bien rire) vous avait dit que cette offre serait valable pendant les 30 prochains jours, il n'en aurait pas vendu la moitié (il n'en aurait probablement vendu aucun). En fait, cela me rappelle un conseil que j'ai lu il y a plusieurs années pour aider les gens à réduire leurs achats impulsifs. Une femme avait écrit à son conseiller pour lui demander de l'aide. Cette femme était une acheteuse compulsive et finissait par acheter tous les produits des infopublicités qu'elle regardait. La recommandation du conseiller était la suivante : prenez un grand récipient Tupperware, remplissez-le d'eau, insérez-y au milieu votre carte de crédit et mettez le tout au congélateur. La prochaine fois que vous aurez envie d'acheter un de ces produits, allez dans le congélateur, sortez le récipient avec la carte, renversez-le dans l'évier et attendez que votre carte se décongèle. Si au moment où la carte est de nouveau accessible, vous ressentez toujours le besoin de faire l'achat, allez de l'avant. Sinon, remettez la carte dans l'eau et le récipient dans le congélateur jusqu'à la prochaine fois. Cette simple astuce a donné à Sherlock tout le temps nécessaire pour intervenir et la cliente en question a fini par réduire ses dépenses par carte de crédit de 80 %.

Vous pensez peut-être maintenant que cela ne vous concerne pas parce que vous n'avez jamais acheté un produit à partir d'une infopublicité, mais vous devez réaliser que ce genre de technique de vente à l'eau de rose où l'on vous promet la soi-disant « affaire du siècle », où l'on vous attire par les prouesses de RÉSULTATS PASSÉS inégalables et où l'on tente de créer en vous un SENTI-MENT D'URGENCE n'est pas exclusif aux infopublicités. Très souvent, ce sont les mêmes techniques que celles utilisées à votre dépanneur du coin, votre épicerie et même votre conseiller en placement : « Bonjour Monsieur Bolduc. J'ai une excellente opportunité pour vous (AFFAIRE). Non seulement cet investissement est super bon marché, mais il a fait au cours des cinq dernières années un rendement moyen de 20 % par année (RÉSULTATS PASSÉS). Mon inventaire est presque épuisé, mais si vous êtes prêt à agir aujourd'hui, j'en ai gardé pour vous (SENTIMENT D'URGENCE).

Le meilleur exemple de cela dans le domaine de l'investissement est sans aucun doute les nouvelles émissions d'actions (IPO). C'est toujours la même chose : l'entreprise en question est vantée comme étant extraordinaire, ayant généré une petite fortune par le passé, avec un avenir radieux et une position forte dans son secteur. Bref, une véritable mine d'or qui vous est proposée à un prix très bas pour une durée limitée. Cela vous dit quelque chose? Infopublicité.

Je ne sais pas ce qu'il en est pour vous, mais si j'étais le proprié-taire d'une entreprise extraordinaire et que l'avenir était aussi prometteur qu'on le prétend, la dernière chose que je voudrais faire serait de partager le butin avec un groupe d'actionnaires. Si par contre, l'avenir n'est pas aussi rose et que j'anticipe des temps difficiles, j'aimerais bien avoir de nombreux amis pour partager la facture avec moi. Vous n'êtes pas convaincu? Et si je vous disais qu'aux États-Unis, de 1980 à 2007, en moyenne, les intro-ductions en bourse (IPO) ont sous-performé les marchés de 21 %

par an pendant les trois premières années suivant leur lancement. Au Canada, de 2000 à 2012, les introductions en bourse ont sous-performé les marchés de 16 % en moyenne la première année et continuent de sous-performer même après cinq ans...

<u>Un conseil d'ami : quand c'est trop beau pour être vrai, c'est probablement le cas.</u> Ne vous laissez pas berner par les bonnes histoires et laissez à Sherlock le temps de s'exprimer.

~

ÉTUDE DE CAS (PARTIE 4)

Un autre -25 % plus tard, j'en ai assez. J'appelle le beau-frère pour le remercier du tuyau, ironiquement bien sûr, et l'informer de mon intention de prendre mes pertes et de passer à un autre appel. Il me dit d'attendre car sa source l'a informé que la société était sur le point de faire une nouvelle introduction en bourse sur le marché américain, ce qui attirera beaucoup de nouveaux capitaux et donnera beaucoup de visibilité à la société. Je décide donc de donner une dernière chance au coureur et d'attendre l'introduction en bourse. Parce que, de toute façon, je n'ai plus rien à perdre et parce qu'il est vrai que, techniquement, je n'ai pas perdu tant que je n'ai pas vendu. C'est vrai?

Faux. Avec l'investissement initial de 20 % et l'ajout de 10 %, même avec les pertes supposées, « Slim » représente toujours une position de 15 % du portefeuille, ce qui ne peut être qualifié de « rien à perdre ». Quant à ne pas perdre jusqu'à ce que vous vendiez, allez dire cela aux milliers d'investisseurs qui ont encore leurs actions Nortel dans leur portefeuille et observez leurs réactions pour le plaisir…

CINQUIÈME PIÈGE : LA PERTE DE CONCENTRATION (DISTRACTION)

Il arrive parfois que le fait de voir les choses de trop près nous empêche de voir l'ensemble. J'ai toujours aimé l'expérience de D.J Simon et C.F Chabris, deux chercheurs américains qui se sont intéressés à ce qu'ils appellent l'aveuglement involontaire. Dans une expérience, ils ont demandé à des candidats de regarder un match de basket-ball entre deux équipes (les noirs contre les blancs) et de compter le nombre de passes effectuées entre les joueurs blancs. Au milieu du clip, un homme vêtu d'un costume de gorille prend place au milieu du terrain, se frappe la poitrine (à la King Kong) et quitte tranquillement le terrain. A la fin du clip, on demande aux participants combien de passes ont eu lieu et la majorité des candidats ont la bonne réponse, on leur demande ensuite s'ils ont vu le gorille et 60 % des candidats ne l'ont tout simplement pas vu. Nous demandons aux candidats de regarder à nouveau le film et tous ceux qui n'ont pas vu le gorille affirment que le film a été modifié et que le gorille n'apparaissait pas dans la vidéo originale. Le gorille est si évident maintenant, comment pourrait-il en être autrement. L'expérience montre que parce que les candidats sont concentrés à compter les passes, ils perdent de vue la vue d'ensemble.

La même chose se produit constamment en matière d'investissement. Nous sommes tellement obsédés par certains détails que nous perdons le fil. C'est inévitable, chaque fois que nous analysons en rétrospective un krach boursier, nous arrivons à la conclusion que les signes étaient plus qu'évidents. Nous avons simplement, à un moment donné, cessé de regarder. Nous étions trop occupés à faire de l'argent.

Il est parfois nécessaire de s'arrêter et de prendre du recul pour retrouver une vue d'ensemble.

~

ÉTUDE DE CAS (PARTIE 5)

« Slim » continue de s'enfoncer dans ce qui semble être un gouffre sans fin alors que l'introduction en bourse tarde à venir. « Slim » est en train de devenir une véritable obsession pour moi. Je vérifie mon téléphone portable douze fois par jour pour voir s'il y a une évolution dans le dossier de l'IPO et je suis en communication constante avec le beau-frère qui commence à regretter de m'avoir donné le tuyau en premier lieu. L'introduction en bourse de « Slim », c'est tout ce qui compte à ce stade, tout le reste n'est qu'une distraction. C'est vrai?

Faux. Regarder de trop près conduit parfois à perdre la vue d'ensemble. La nouvelle introduction en bourse constitue une dilution de la valeur de l'entreprise qui n'améliorera pas la situation; en fait, elle risque même de l'aggraver.

SIXIÈME PIÈGE : JE SUIS SOIT CHANCEUX, SOIT MALCHANCEUX (ARROGANCE)

Notre amour-propre nous fait prendre la mauvaise habitude de nous attribuer nos bons coups (facteur interne) et de chercher des excuses pour nos mauvais coups (facteur externe). Le meilleur exemple de ce phénomène se trouve probablement dans le sport. Remarquez la prochaine fois que vous regarderez un match de hockey (ou tout autre sport, d'ailleurs). Écoutez les commentaires d'après-match. Les joueurs de l'équipe gagnante vous diront probablement qu'ils étaient bien préparés, qu'ils ont suivi le plan de jeu à la lettre, qu'ils ont été opportunistes, que les unités spéciales ont fait la différence ou que Carey en a volé un autre pour l'équipe (facteurs internes)..... **Traduction : nous sommes bons**.

Maintenant, écoutez les commentaires des joueurs de l'équipe perdante : Nous avons bien joué mais nous n'avons pas eu de chance, nous avons touché trois poteaux, l'arbitre a fait des appels discutables, la rondelle ne roulait pas pour nous ce soir, nous avons affronté un gardien en grande forme, nous avons dû faire face à des blessures, c'était un deuxième match en deux soirs (facteurs externes)... **Traduction : C'est pas notre faute.**

FLASH INFO : PARFOIS, NOUS NE L'AVONS TOUT SIMPLEMENT PAS. Il est essentiel d'apprendre de nos erreurs, mais pour ce faire, nous devons reconnaître nos erreurs. Notre incapacité à nous blâmer pour nos échecs signifie qu'au lieu d'évoluer, nous avons tendance à les répéter. Je suis prêt à parier un petit deux dollars que l'équipe qui perd un match de hockey et s'en excuse en disant qu'elle n'a pas eu de chance perdra probablement le match suivant contre le même adversaire. Mais si cette équipe reconnaît qu'elle a été dépassée et conclut que son échec est dû au fait que jouer physiquement contre une équipe rapide avec un jeu de puissance aussi dévastateur était la mauvaise stratégie; que les choix de lignes étaient inappropriés et que lorsque vous jouez contre un gardien de but talentueux, vous devez mettre du trafic devant le filet si vous espérez marquer, alors leurs chances de s'améliorer la prochaine fois seront bien meilleures.

En matière d'investissement, c'est la même chose. Vous devez être modeste <u>dans les bons comme dans les mauvais moments</u> et apprendre de vos erreurs. Et des erreurs, vous allez en faire, c'est garanti. Le manque de modestie fait mal dans les mauvais coups, mais faites attention car il fait encore plus mal dans les bons coups. Soyons honnêtes, parfois vous obtenez un résultat positif pour les mauvaises raisons. Refuser de le reconnaître quand cela arrive est encore plus dommageable car vous n'aurez pas toujours de la chance. Vous pouvez être tenté de traverser l'autoroute à pied pour éviter d'avoir à faire un détour et vous pouvez même survivre à l'expérience. Cela ne signifie pas que c'était une bonne idée ou que vous devriez le refaire.

La matrice des résultats

	RÉSULTAT POSITIF	RÉSULTAT NÉGATIF
BON RAISONNEMENT	Un succès mérité	La malchance
MAUVAIS RAISONNEMENT	*Dumb Luck*	Justice poétique

JE SUIS UN GRAND FAN DE POKER. PAS POUR L'ARGENT, MAIS pour le côté stratégique du jeu. Pouvoir manipuler psychologiquement ses adversaires, faire des statistiques (sans avoir l'air d'un geek) et avoir le droit de mentir (*bluffer*) à volonté.

Comment pouvez-vous ne pas aimer ce jeu, je vous le demande. Mais au final, le poker reste un jeu de probabilité. J'ai initié de

nombreux amis et membres de ma famille au poker. Lorsque vous jouez au poker avec un nouveau joueur, ce n'est qu'une question de temps avant que ce joueur ne joue pas rationnellement, qu'il aille à l'encontre de la logique, mais qu'il soit sauvé par les dieux de la chance et finisse par gagner la main. C'est à ce moment précis que je viens de prendre une sérieuse option sur ma victoire. Voyez-vous, les gens ont souvent tendance à associer la qualité de leur action aux résultats obtenus. J'ai gagné la main, donc j'ai bien fait. Peu importe que la cote était de 1 000 000 contre 1, j'ai gagné la main, donc c'était la bonne chose à faire. En tant qu'adversaire, j'aime que vous pensiez ainsi, car maintenant que la seule main sur 1 000 000 qui pouvait vous sauver est passée, je vais maintenant récolter sur les 999 999 suivantes. Gagner cette main était probablement la pire chose qui pouvait vous arriver, car vous êtes maintenant convaincu que vos actions étaient appropriées alors qu'elles ne l'étaient pas. Il est vrai que certaines personnes semblent nées sous une bonne étoile, mais personnellement, j'éviterais d'en abuser, la chance finit toujours par s'épuiser.

En bref, bien qu'il soit relativement facile de s'attribuer ses bons coups, il est important de reconnaître quand on a fait fausse route, quel que soit le résultat. Après tout, c'est peut-être Dame Chance qui a sauvé la mise cette fois-ci.

ÉTUDE DE CAS (PARTIE 6)

L'introduction en bourse de « Slim » est enfin approuvée, mais le moment ne pourrait pas être plus mal choisi, car les marchés commencent à s'essouffler et l'investisseur moyen n'a d'yeux que pour les grandes entreprises offrant de gros dividendes. Le climat actuel combiné à l'anticipation d'une possible récession n'offre pas la visibilité attendue à « Slim », ce qui explique les résultats décevants de l'introduction en bourse tant attendue. En fin de compte, il semble que la malchance s'acharne sur moi.

NON, peut-être que l'introduction en bourse de « Slim » a échoué simplement parce que les investisseurs ont réalisé ce que tu refuses toujours d'admettre : « Slim » n'est tout simplement pas un bon investissement. La chance n'a rien à voir ici.

SEPTIÈME PIÈGE : AVOIR UNE TROP HAUTE OPINION DE SOI-MÊME (L'EXCÈS DE CONFIANCE)

Mettez 100 personnes ensemble dans une pièce et demandez-leur si elles pensent être plus grandes, plus intelligentes, plus rapides, meilleures cuistots ou meilleures amantes que la moyenne du groupe et je peux vous garantir que pour chacune de ces questions, 70 à 80 % des personnes répondront oui. Cela me fait penser à une citation célèbre de Yogi Berra : « Le baseball est à 90 % mental et l'autre moitié physique. » Je suis désolé, Yogi, mais ça marche pas.

L'excès de confiance et l'arrogance peuvent sembler être la même chose et ils sont proches l'un de l'autre, mais pas exactement identiques. Disons qu'ils sont proches parents, des cousins peut-être. Pour moi, l'arrogance est l'aveuglement sur la véritable raison d'un succès. L'excès de confiance est le fait de penser trop haut à nos capacités. L'excès de confiance se voit encore plus amplifié lorsque nous avons une certaine illusion de contrôle. C'est pourquoi les gens préfèrent choisir les numéros sur leur billet de loterie plutôt que de les voir sélectionnés au hasard. Comme si le fait de choisir les numéros vous donnait plus de chances de gagner. Soyons clairs, je n'ai rien contre la confiance en soi; en fait la confiance en soi est indispensable, elle vous aide à traverser les moments difficiles, elle vous aide à mieux gérer la peur et le stress. Le problème ici n'est pas la confiance, mais l'excès de confiance. Permettez-moi de partager avec vous une étude réalisée en 1979 auprès de patients cliniquement déprimés. Ce que vous devez savoir, c'est que les patients cliniquement déprimés n'ont aucune illusion sur leurs capacités, en fait c'est cette illusion qui les conduit la plupart du temps à la dépression. Pour l'étude, les patients non déprimés sont placés dans une pièce sombre avec un interrupteur qui fonctionne 75 % du temps. Ensuite, des patients cliniquement déprimés sont placés dans la même pièce avec le même interrupteur qui fonctionne encore 75 % du temps. Les participants avaient pour tâche d'allumer et d'éteindre la lumière un certain nombre de fois. Une fois le test terminé, la plupart des participants non dépressifs qui sortent de la pièce affirment avoir un niveau de contrôle relativement élevé sur la lumière, tandis que les participants dépressifs affirment n'avoir aucun contrôle. En fait, aucun des participants n'avait le moindre contrôle, mais seuls les dépressifs en étaient conscients. Confiance excessive.

C'est la même chose quand il s'agit d'investissement. Je dis très souvent aux nouveaux investisseurs que la pire chose qui puisse leur arriver est d'avoir raison dès la première fois. Cela crée ce faux sentiment de contrôle et propulse votre excès de confiance à un tout autre niveau. C'est comme l'arnaque classique dans le film de billard « La couleur de l'argent » avec Tom Cruise. Vous pariez d'abord une petite somme d'argent, vous perdez lamentablement pour renforcer la confiance de votre adversaire, vous augmentez la mise et vous l'écrasez complètement pour gagner gros. Je sais que cela peut paraître étrange, mais perdre la première fois aurait été dans votre meilleur intérêt (en termes de surconfiance).

~

ÉTUDE DE CAS (PARTIE 7)

Depuis les déboires de mon investissement dans « Slim », je commence à me questionner à savoir si je devrais continuer à faire ces investissements impulsifs. Mais je me suis alors rappelé que même si je ne l'ai fait qu'une fois auparavant, la dernière fois avait été vraiment bénéfique. Je vais avoir foi en mes habiletés, me fier à mes antécédents et maintenir le cap.

Gros nigaud, la dernière fois, c'était de la pure chance et tu le sais. Tu n'as aucune habileté. Tom Cruise est sur le point de te prendre tout ton argent...

HUITIÈME PIÈGE : L'HYPERACTIVITÉ (IMPATIENCE)

Quand la meilleure chose à faire est de ne rien faire du tout...

Une grande majorité des investisseurs d'aujourd'hui semblent souffrir d'un déficit d'attention et d'hyperactivité. 120... 120, c'est le nombre moyen de jours pendant lesquels les investisseurs d'aujourd'hui conserve une position dans leur portefeuille. Il y a 50 ans, ce nombre orbitait plutôt aux environs de 3 000. Cela signifie que l'investisseur d'aujourd'hui choisit un investissement sur la base de la performance prévue pour les quatre prochains mois, alors qu'en 1960, les investisseurs investissaient pour les 100 prochains mois. Pourquoi en est-il ainsi? Premièrement, parce que nous sommes impatients. Deuxièment, parce que lorsque les choses ne vont pas comme nous le souhaitons, la dernière chose que nous voulons est d'avoir l'impression d'être impuissants face à la situation. Enfin, parce que, pour la plupart des gens, l'activité, même mauvaise, paraît bien mieux que l'inactivité.

Une étude récente sur les gardiens de but de soccer lors de tirs de pénalité démontre bien cette caractéristique. Les chercheurs de l'étude ont analysé 311 tirs de pénalité dans les meilleures ligues du monde et dans divers championnats d'envergure pour constater que, bien qu'autant de tirs soient effectués en plein centre du filet qu'à la droite ou à la gauche, les gardiens plongent vers la droite ou la gauche dans 94 % des cas plutôt que de rester au centre du filet. Pire encore, le taux de réussite des arrêts sur les tirs au centre du filet est de loin le plus élevé (60 %) des trois. Interrogés à ce sujet, les gardiens de but ont répondu qu'ils préféraient de loin plonger dans la mauvaise direction et d'avoir tort plutôt que de rester planté là au centre du filet et d'avoir l'air de ne rien faire.

La morale de cet histoire : tout comme les gardiens de but de soccer professionnels auraient avantage à prôner l'inactivité de temps en temps, l'investisseur chevronné doit apprendre à se tenir debout dans la tempête de temps en temps et à garder le cap sur l'horizon.

. . .

Cette fois-ci, je vous propose une offre spéciale 2 pour 1 avec non pas une mais deux citations de l'Oracle d'Omaha :

> 1- « La bourse est un outil pour transférer l'argent des impatients vers les patients. »
>
> 2- « Détenir de l'argent liquide est inconfortable, mais pas aussi inconfortable que de faire quelque chose de stupide. »

> — WARREN BUFFETT

ÉTUDE DE CAS (PARTIE 8)

Il faut battre le fer quand il est chaud. La nouvelle introduction en bourse n'a peut-être pas eu l'effet escompté, mais j'ai décidé cette fois-ci d'être proactif plutôt que réactif. Ma nouvelle stratégie consiste à acheter chaque fois que l'action atteint un nouveau plancher, ce qui, par la même occasion, me permettra de diluer mon prix moyen à un niveau si bas qu'à la première hausse significative. Je vendrais l'ensemble de ma position, en espérant avec un peu de chance récupérer mes pertes.

Hyperactivité. La stratégie mise en place n'est en rien logique si l'on considère que l'investissement de départ n'était pas bon. Elle peut donner une certaine impression de contrôle mais en fait, elle nous rend encore plus vulnérables.

NEUVIÈME PIÈGE : SUIVRE LE TROUPEAU (CONFORMISME)

La première expérience sur la conformité sociale a été menée par Jenness (1932). Dans son expérience, Jenness a demandé à un certain nombre de candidats d'estimer individuellement le nombre de haricots contenus dans un bol. Il a ensuite réuni tous les candidats et leur a demandé d'estimer une nouvelle fois le nombre de haricots dans le même bol, puis a repris les candidats individuellement et leur a offert la possibilité, s'ils le souhaitaient, de modifier leur première estimation. Presque tous les sujets ont choisi de réviser leur prédiction initiale pour se rapprocher de celle du groupe.

Solomon Asch (1951) a poussé l'analyse un peu plus loin en mettant au point une expérience dans laquelle il a demandé à huit sujets d'identifier la ligne sur une carte qui était de la même longueur qu'une autre ligne. Facile, non ?

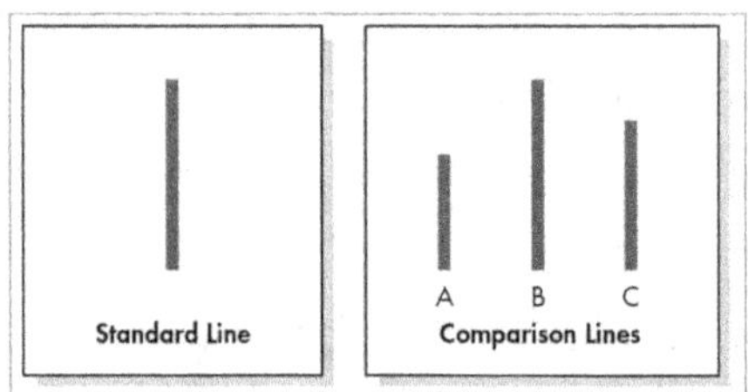

Le seul problème était que 7 des 8 participants faisaient en fait partie de l'expérience et devaient volontairement donner la mauvaise réponse pour voir si le vrai sujet serait influencé par le reste du groupe. Dans plus d'un tiers des cas, le groupe venait à bout d'influencer le vrai candidat, même si la bonne réponse paraissait pourtant évidente. Ceci dit, dans le cas où un seul autre participant donnait la bonne réponse, seulement 5 % des sujets changaient leur réponse.

La technologie moderne nous permet d'aller encore plus loin alors que le même test a été effectué sur des candidats tandis que leur cerveau était analysé par imagerie magnétique. Les résultats sont fascinants. Ils démontrent que non seulement le fait de suivre les normes sociales crée une situation de plaisir chez le sujet, mais que l'inverse stimule la partie du cerveau responsable de la douleur physique.

La conclusion de ces expériences est qu'il est difficile d'aller à contre-courant. Aller à l'encontre des normes sociales n'est pas seulement désagréable, c'en est même douloureux. Lorsqu'il s'agit d'investir, une grande partie de votre réussite en tant qu'investisseur dépend de votre capacité à vous forger vos propres opinions et à être capable, le cas échéant, d'aller à l'encontre de l'opinion populaire. Comme l'a si bien dit Sir John Templeton : « Il est impossible de surpasser la majorité à moins de faire les choses différemment de la majorité. »

L'idée ici n'est pas de faire de vous des moutons noirs, mais de vous faire comprendre qu'il est essentiel d'avoir une opinion indépendante et d'être capable de défendre ses convictions même lorsque le monde entier est en désaccord.

~

ÉTUDE DE CAS (PARTIE 9)

Une année s'est écoulée et me voilà à nouveau au milieu du dîner de l'Action de grâce en train de manger mes émotions (oui, encore de la tarte au sucre). C'est alors que mon beau-frère m'annonce qu'il a vendu sa position dans « Slim », tout comme ses contacts et amis qui, comme moi, avaient investi dans la société. Je lui réponds que c'était aussi mon intention (je ne veux pas être ce gars qui ne comprend pas quand tout le monde a compris). Je vends ma position dès le lendemain matin. Quatre heures plus tard, j'apprends que l'action de « Slim » connaît une hausse vertigineuse suite à l'annonce de la possible acquisition de la société par un géant de l'industrie pharmaceutique.

J'ai littéralement mal au coeur et cette fois, je ne crois pas que ce soit à cause de la tarte au sucre.

LA BONNE NOUVELLE, C'EST QUE MAINTENANT QUE VOUS connaissez les neuf pièges les plus courants auxquels vous serez confronté, il est possible d'établir l'ADN du bon investisseur : **ouvert d'esprit** (piège n°1), **lucide** (piège n°2), **rationnel** (piège n°3), **réaliste** (piège n°4), *focussed* (piège n°5), **humble** (piège n°6), **modeste** (piège n°7), **patient** (piège n°8) et par moments **audacieux** (piège n°9). Je doute fort que quiconque possède toutes ces qualités à la fois. L'idée ici est d'être vigilant et conscient de nos propres faiblesses. La patience n'est pas votre point fort? Attention à l'hyperactivité. Vous avez tendance à vous laisser emporter par vos bons coups? Faites preuve d'un peu plus d'humilité. Vous êtes facilement convaincu par une belle histoire, rappelez-vous que lorsque c'est trop beau pour être vrai, c'est trop beau pour être vrai.

CHAPITRE 3

"CE N'EST PAS PERSONNEL, C'EST PROFESSIONNEL" / LAISSEZ LE CŒUR, APPORTEZ LE CERVEAU

Les émotions sur votre portefeuille d'investissement ainsi que dans les affaires ont le même impact que le cancer sur votre corps. Vous cherchez un bon moyen de dilapider votre richesse? J'ai deux solutions pour vous :

1. Laissez votre cerveau à la porte et laissez votre cœur prendre vos décisions financières.
2. Je vous laisse mon adresse et vous m'envoyez un chèque. Je m'occupe du reste.

Je sais que l'argent est un sujet sensible, mais si vous n'êtes pas en mesure de vous en détacher émotionnellement, vous ne devriez définitivement pas vous en occuper. Il est facile de perdre le focus et c'est pourquoi vous devez mettre en place des mécanismes pour vous protéger de vous-même. Voici quelques conseils qui, je pense, feront de vous un meilleur investisseur. Et je tiens à vous rassurer immédiatement, ne vous sentez pas mal si vous vous reconnaissez dans certaines de ces erreurs courantes. Loin de moi la prétention d'affirmer n'avoir jamais fait aucune de ces erreurs; en fait, j'ai commis, à un moment ou à un autre de ma vie, toutes ces erreurs. Comment pensez-vous que j'ai appris toutes ces choses et que j'ai fait pour devenir si efficace dans mon travail?

CONSEIL N° 1 : ACHETEZ À BAS PRIX ET VENDEZ À PRIX ÉLEVÉ

Je ne pense pas enseigner quoi que ce soit à qui que ce soit, si je vous dis que l'objectif en investissement est d'acheter bas et de vendre haut. Je suis presque gêné d'écrire cela parce que c'est d'une telle évidence. Ceci dit, c'est inévitablement le premier concept qui disparaît lorsque l'émotion prend le dessus sur la raison. Je vous le dis, le seul endroit au monde où les gens essaient constamment d'acheter haut et de vendre bas, c'est sur les marchés financiers. Je ne peux même plus compter le nombre de fois où un client m'a demandé d'acheter une action parce qu'elle venait de monter de 30 % ou supplié de vendre une action parce qu'elle venait de baisser de 10 %.

Nous sommes le 22 décembre 2017, je m'apprête à partir en vacances pour les fêtes de fin d'année et, comme à chaque fin d'année, je consulte Google Trends, un site qui rapporte en permanence les éléments les plus recherchés sur Internet. La recherche n° 1 sur la planète depuis plusieurs mois : « Comment procéder pour acheter des bitcoins avec sa carte de crédit? ». Comme s'il ne suffisait pas d'acheter un produit non seulement nébuleux mais purement spéculatif pour

26 000 $ alors qu'il n'en valait pas 800 il y a seulement un an, financer cet achat avec une carte de crédit (à 26 % d'intérêt) me semble n'être rien de moins que la pire idée du monde.

Une année complète a passé, nous sommes le 21 décembre 2018, la recherche n°1 de la planète : « Fortnite ». OK mais pas loin derrière en deuxième position : « Comment se débarrasser de ses bitcoins? » Sans surprise, les bitcoins ne valent même plus 4 000 $ et beaucoup de gens regrettent d'en avoir entendu parler. Seulement six mois plus tard, les bitcoins valent 13 000 $. Aujourd'hui en 2022, les bitcoins s'échangent à 50 000 $ bien qu'ils étaient 80 000 $ il y a trois mois.

PS : Ceux qui ont pensé que c'était une bonne idée en décembre 2017 d'acheter des bitcoins à 26 000 $ avec leur carte de crédit et qui ont vendu à la fin de 2018 ont réalisé un rendement impressionnant sur un an de -114 %.

CONSEIL N° 2 : INVESTISSEZ DANS UN BUT PRÉCIS

De nombreuses personnes pensent à tort que le plus difficile en matière d'investissement est de trouver le bon placement, alors qu'en réalité, il est possible de gagner de l'argent avec à peu près n'importe quoi si vous avez la bonne stratégie. Gardez à l'esprit que lorsque vous achetez une action, vous achetez une partie d'une société bien réelle qui, selon vous, est sous-évaluée (si elle n'est pas sous-évaluée, vous voudrez peut-être consacrer plus de temps à la règle n° 1). Vous devez, avant même d'acheter une action, avoir une idée de votre objectif. Achèteriez-vous une l'épave d'une voiture de collection dans l'intention de la restaurer et de la revendre à profit sans avoir la moindre idée de sa valeur de revente éventuelle? C'est la même chose avec les actions.

Vous n'achetez pas une action dans le but de gagner de l'argent; vous l'achetez parce que vous voulez obtenir un rendement de 15, 20 ou 50 %. On ne commence pas une recette en se disant qu'on verra en cours de route si on a tous les ingrédients nécessaires pour la terminer. Vous ne partez pas en voyage sans préparer un itinéraire, et vous ne vous lanceriez pas dans la construction d'une maison sans avoir préalablement dessiné un plan. Investir avec un objectif signifie avoir une idée claire de ce que vous faites, de la manière dont vous le faites et de la raison pour laquelle vous le faites.

Au risque de me faire reprocher mon manque d'originalité, je vais, comme beaucoup d'autres avant moi, vous faire revivre le cauchemar qu'a été Nortel Network. Tout le monde connaît l'histoire de Nortel, son ascension spectaculaire de 10 à 120 dollars pour finir à 0 dollar. Ce que la plupart des gens ne savent pas, c'est que, globalement, au moment du krach, le coût d'achat moyen de l'action pour tous les détenteurs de Nortel était de 17 dollars. Cela signifie qu'en moyenne, les détenteurs de Nortel affichaient, la veille du krach, un gain de 700 %. L'avidité n'est-elle pas l'un des sept péchés capitaux?

Je suis convaincu qu'aucun investisseur n'avait pour objectif de réaliser un rendement de 700 % le premier jour. Plusieurs personnes me disent: peut-être mais imaginez combien d'argent j'aurais laissé sur la table si j'étais sorti à 34 $. Je ne suis pas trop fort en maths, mais +100 % est bien mieux que -100 % dans mon livre. Vous voulez continuer à profiter de la folie Nortel, pas de problème, retirez vos bénéfices chaque fois que vous doublez votre mise et gardez votre investissement initial. Cette petite stratégie très simple vous aurait permis de sortir de l'expérience Nortel avec un rendement de +600 %, même en supposant que vous perdiez complètement votre investissement initial à la toute fin. De quoi faire de vous une véritable légende urbaine.

CONSEIL N°3 : « KNOW WHEN TO HOLD THEM; KNOW WHEN TO FOLD THEM! »

La chose la plus difficile à faire dans mon métier est de vendre. « Je n'ai pas perdu tant que je n'ai pas vendu. » Je ne suis plus capable de l'entendre, celle-là. Excusez- moi mais ça, c'est juste une excuse de mauvais perdant.

FLASH INFO : VOUS N'AUREZ PAS TOUJOURS RAISON. Je sais que ce n'est pas facile d'admettre qu'on a tort, mais personne n'aime les petits « Joe connaissant » qui n'ont jamais tort. Le frappeur de coup de circuit n'aime pas plus avoir l'air ridicule les quatre fois sur cinq où il se fait retirer au bâton, et Sydney Crosby n'aime pas non plus avoir l'air ridicule parce qu'il se retrouve les quatres fers en l'air pendant la période d'échauffe-ment d'avant-match. Excusez mon langage mais « SHIT HAPPENS ». Vous devez être capable de reconnaître quand votre plan, aussi génial soit-il, tourne au vinaigre. Ne laissez pas votre ego (vos émotions) se mettre en travers de votre chemin et sachez quand il est temps de passer à un autre appel. La bonne nouvelle est que, dans mon domaine, si vous avez raison 55 % du temps, vous faites partie des meilleurs. Donc, contrairement à ce que vous pouvez croire, vous n'avez pas du tout l'air fou lorsque vous avez tort. C'est lorsque vous refusez de l'admettre que vous avez l'air fou.

Vous croyez peut-être qu'il est plus facile d'être discipliné quand vous avez raison, mais je peux vous promettre que ce n'est pas le cas. Laisser partir votre chef-d'œuvre, celui qui vous fait passer pour un vrai pro, c'est tout aussi difficile. Vous seriez surpris du nombre de personnes qui me parlent de leurs succès comme ils me parlent de leurs petits-enfants. « François, pourquoi as-tu vendu ce titre? Il est en hausse depuis deux ans et pire encore, tu l'as fait pour acheter ce truc qui n'arrête pas de baisser depuis un an. » Dois-je vraiment expliquer de nouveau la règle n°1?

Cela pourrait également s'expliquer par ce que l'on appelle l'effet de dotation, un biais émotionnel qui conduit un individu à attribuer plus de valeur à un bien qu'il possède que s'il ne le possédait pas. Ce phénomène a fait l'objet d'expériences par plusieurs chercheurs, notamment Daniel Kahneman, psychologue et économiste, lauréat du prix Nobel d'économie en 2002. L'une de ses expériences consistait à offrir une tasse à café à un groupe de sujets et à leur demander pour combien ils seraient prêts à la vendre. On a demandé aux membres d'un autre groupe, qui n'ont pas reçu de tasse, combien ils étaient prêts à payer pour la même tasse à café. La valeur de la tasse à café était significativement plus élevée pour le premier groupe que pour le second, ce qui suggère que le fait de posséder l'objet augmente sa valeur. L'effet de dotation se manifeste souvent dans la vie quotidienne. C'est l'une des raisons pour lesquelles votre cave ou votre grenier est rempli d'objets totalement inutiles et très probablement sans valeur. Pour éviter ce genre de biais, plutôt que de se demander « Quelle est la valeur de cet objet? », il est préférable de se demander « Si je ne l'avais pas possédé, à quel prix serais-je prêt à l'acheter? »

Avoir de la discipline, c'est quoi? C'est avoir une stratégie, un plan et le respecter lors des bons coups comme des moins bons. Vous avez déjà entendu l'expression « Ce n'est pas personnel, c'est professionnel »? Vous feriez bien de vous en souvenir.

C'est peut-être parce que j'ai eu la chance de ne pas avoir beaucoup de ces mauvais investissements dans ma carrière que je me souviens de celui-ci ou peut-être parce que c'était le premier (et on n'oublie jamais le premier), mais je me souviens de celui-ci comme si c'était hier.

Chicago Bridge and Iron (CBI) sur le NYSE. J'étais tellement optimiste à propos de ce titre, la société construisait de lourdes structures en acier. Nous parlons de ponts, de stades de baseball, d'unités de stockage de pétrole, de navires, de chemins de fer et bien d'autres choses encore. Elle était impliquée dans à peu près tout ce qui est lié à l'acier. J'ai fait mes recherches et l'avenir de l'entreprise semblait plus prometteur que jamais. L'entreprise venait de signer d'énormes contrats pour la construction de grands projets, notamment des stades de la NFL, des superpétroliers et quelques ponts massifs. Rien ne semblait pouvoir empêcher cette société de générer une croissance phénoménale. Rien sauf ses flux de trésorerie.

Le fait d'avoir tant de projets d'envergure en même temps a exercé une forte pression sur les réserves de liquidités et a finalement obligé la société à réduire ses dividendes, perdant ainsi la faveur du public. Une chose que vous devez savoir sur le marché boursier, c'est que le prix des actions d'une société sur le marché est une mesure de popularité et non de valeur. Si une action perd la faveur du public, il n'y a vraiment pas de limite à la baisse qu'elle peut subir. Je n'arrivais pas à croire qu'une entreprise avec autant d'excellents contrats puisse faire défaut. Mais à un moment donné, vous devez arrêter de nager à contre-courant et savoir quand vous retirer. Peu importe que ça ait du sens ou pas. C'est exactement pour cela que j'ai mis en place un mécanisme de « stop loss ». Donc, contre mon propre désir, je me suis conformé à ma propre règle et j'ai confirmé ma perte dans ce cas à -45 % en vendant ma position. La société a continué à baisser pour atteindre -75 % de sa valeur en un peu plus d'un an. La société a été rachetée un an plus tard, sans prime, par McDermott International (MDR), qui a elle-même fait faillite trois ans plus tard. Leçon apprise.

CONSEIL N° 4 : PROTÉGEZ-VOUS DE VOUS-MÊME

Pourquoi tenter le diable? Vous savez que vous êtes prédisposé à l'émotion, alors pourquoi vous y exposer inutilement. Voici Max. Il travaille 70 heures par semaine et n'a pas le temps de s'attarder à ses placements. Max se contente d'investir la totalité de son portefeuille dans le TSX et révise sa performance une fois par an. Max qui, comme tout le monde, n'aime pas les pertes, est satisfait 7 années sur 10 car son portefeuille augmente 7 fois sur 10. La vie est belle.

Max arrive finalement à la retraite. Son nouveau hobby? Il décide de suivre son portefeuille de plus près. Max n'aime pas ce qu'il voit, alors que son portefeuille affiche maintenant des hausses seulement un mois sur deux. Inquiet, il commence à suivre son portefeuille tous les jours et, à son grand désarroi, réalise que les choses vont de plus en plus mal car son portefeuille n'est maintenant en hausse que un jour sur trois. Il est temps de paniquer.

Relaxe, Max. Il n'y a rien de nouveau ici. Ton portefeuille a toujours eu les mêmes résultats. Le TSX, au cours des 30 dernières années, a augmenté 70 % du temps sur une période de 12 mois, 50 % du temps sur une base mensuelle et seulement 29 % du temps sur une base quotidienne*. Tenter le diable.

Max a toujours eu une certaine discipline dans le passé, ce qui lui a permis d'obtenir d'excellents résultats. Imaginez que Max avait, il y a 30 ans, un portefeuille de

100 000 $. Sa stratégie d'investissement combiné à son manque d'émotion lui aurait permis d'accumuler une somme de 527 913,94 $ trente ans plus tard.

Année	Prix de départ	Prix de fin	Gains ou pertes	Gains ou pertes	Investi
1985	2595.15	2842.96	247.81	9.55%	$ 109,548.97
1986	2842.96	3348.9	505.94	17.80%	$ 129,044.56
1987	3348.9	3160.05	-188.85	-5.64%	$ 121,767.53
1988	3160.05	3389.99	229.94	7.28%	$ 130,627.90
1989	3389.99	3969.79	579.8	17.10%	$ 152,965.27
1990	3969.79	3256.75	-713.04	-17.96%	$ 125,492.71
1991	3256.75	3512.36	255.61	7.85%	$ 135,343.89
1992	3512.36	3350.44	-161.92	-4.61%	$ 129,104.53
1993	3350.44	4321.43	970.99	28.98%	$ 166,519.03
1994	4321.43	4213.61	-107.82	-2.50%	$ 162,356.05
1995	4213.61	4713.54	499.93	11.86%	$ 181,611.48
1996	4713.54	5927.03	1213.49	25.74%	$ 228,358.28
1997	5927.03	6699.44	772.41	13.03%	$ 258,113.36
1998	6699.44	6485.94	-213.5	-3.19%	$ 249,879.54
1999	6485.94	8413.75	1927.81	29.72%	$ 324,143.74
2000	8413.75	8933.68	519.93	6.18%	$ 344,175.83
2001	8933.68	7688.41	-1245.27	-13.94%	$ 296,197.72
2002	7688.41	6614.54	-1073.87	-13.97%	$ 254,818.90
2003	6614.54	8220.89	1606.35	24.29%	$ 316,714.41
2004	8220.89	9246.65	1025.76	12.48%	$ 356,240.36
2005	9246.65	11272.26	2025.61	21.91%	$ 434,292.63
2006	11272.26	12908.39	1636.13	14.51%	$ 497,308.49
2007	12908.39	13833.06	924.67	7.16%	$ 532,915.78
2008	13833.06	8987.7	-4845.36	-35.03%	$ 346,235.38
2009	8987.7	11746.11	2758.41	30.69%	$ 452,495.02
2010	11746.11	13443.22	1697.11	14.45%	$ 517,880.55
2011	13443.22	11955.09	-1488.13	-11.07%	$ 460,551.17
2012	11955.09	12433.53	478.44	4.00%	$ 478,973.22
2013	12433.53	13621.55	1188.02	9.55%	$ 524,715.16
2014	13621.55	14632.44	1010.89	7.42%	$ 563,655.61
2015	14632.44	13704.59	-927.85	-6.34%	**$ 527,913.94**

Imaginons maintenant que Max ait eu une réponse émotionnelle aux fluctuations du marché, c'est-à-dire qu'il sorte du marché après chaque année de baisse et revienne après chaque année de hausse. Et bien, le portefeuille de Max vaudrait aujourd'hui 167 753,88 $, soit trois fois moins.

Année	Prix de départ	Prix de fin	Gains ou pertes	Gains ou pertes	Investi	Émotionnel
1985	2595.15	2842.96	247.81	9.55%	$ 109,548.97	$ 109,548.97
1986	2842.96	3348.9	505.94	17.80%	$ 129,044.56	$ 129,044.56
1987	3348.9	3160.05	-188.85	-5.64%	$ 121,767.53	$ 121,767.53
1988	3160.05	3389.99	229.94	7.28%	$ 130,627.90	$ 121,767.53
1989	3389.99	3969.79	579.8	17.10%	$ 152,965.27	$ 142,589.78
1990	3969.79	3256.75	-713.04	-17.96%	$ 125,492.71	$ 116,980.65
1991	3256.75	3512.36	255.61	7.85%	$ 135,343.89	$ 116,980.65
1992	3512.36	3350.44	-161.92	-4.61%	$ 129,104.53	$ 111,587.84
1993	3350.44	4321.43	970.99	28.98%	$ 166,519.03	$ 111,587.84
1994	4321.43	4213.61	-107.82	-2.50%	$ 162,356.05	$ 108,798.15
1995	4213.61	4713.54	499.93	11.86%	$ 181,611.48	$ 108,798.15
1996	4713.54	5927.03	1213.49	25.74%	$ 228,358.28	$ 136,802.79
1997	5927.03	6699.44	772.41	13.03%	$ 258,113.36	$ 154,628.19
1998	6699.44	6485.94	-213.5	-3.19%	$ 249,879.54	$ 149,695.55
1999	6485.94	8413.75	1927.81	29.72%	$ 324,143.74	$ 149,695.55
2000	8413.75	8933.68	519.93	6.18%	$ 344,175.83	$ 158,946.74
2001	8933.68	7688.41	-1245.27	-13.94%	$ 296,197.72	$ 136,789.56
2002	7688.41	6614.54	-1073.87	-13.97%	$ 254,818.90	$ 136,789.56
2003	6614.54	8220.89	1606.35	24.29%	$ 316,714.41	$ 136,789.56
2004	8220.89	9246.65	1025.76	12.48%	$ 356,240.36	$ 153,860.90
2005	9246.65	11272.26	2025.61	21.91%	$ 434,292.63	$ 187,571.83
2006	11272.26	12908.39	1636.13	14.51%	$ 497,308.49	$ 214,788.50
2007	12908.39	13833.06	924.67	7.16%	$ 532,915.78	$ 230,167.35
2008	13833.06	8987.7	-4845.36	-35.03%	$ 346,235.38	$ 149,539.73
2009	8987.7	11746.11	2758.41	30.69%	$ 452,495.02	$ 149,539.73
2010	11746.11	13443.22	1697.11	14.45%	$ 517,880.55	$ 171,148.22
2011	13443.22	11955.09	-1488.13	-11.07%	$ 460,551.17	$ 152,202.11
2012	11955.09	12433.53	478.44	4.00%	$ 478,973.22	$ 152,202.11
2013	12433.53	13621.55	1188.02	9.55%	$ 524,715.16	$ 166,737.41
2014	13621.55	14632.44	1010.89	7.42%	$ 563,655.61	$ 179,111.42
2015	14632.44	13704.59	-927.85	-6.34%	$ 527,913.94	**$ 167,753.88**

-68.22%

Une société de fonds a fait une analyse dans le but d'identifier qui était leur meilleur investisseur en matière de rendement pour la période de 2003 à 2013. La réponse : LES MORTS. Ironiquement, ce sont en effet les comptes successoraux oubliés ou gelés qui ont enregistré les meilleures performances sur la période en question. Conclusion : laissez les émotions à la porte et votre portefeuille s'en portera bien mieux.

CONSEIL N° 5 : LE PASSÉ N'EST EN RIEN GARANT DU FUTUR

Si je vous offrais de faire une partie de 20 rondes de pile ou face avec moi (avec une pièce de monnaie tout ce qu'il y a de plus légale, bien sûr) et qu'à chaque fois que vous vous trompiez, cela vous coûterait 1 $ alors qu'à chaque fois que vous auriez raison, je vous donnerais 2,50 $. Si vous laissez SHERLOCK travailler ici, vous comprenez que vous seriez fou de ne pas jouer chacun des 20 tours. En effet, le montant que je vous donne en cas de victoire est beaucoup plus favorable que votre coût si vous perdez.

Le processus de réflexion de Sherlock : La probabilité de gagner à pile ou face est de 50 %. Cela signifie qu'en jouant 20 tours de pile ou face, je m'attends à gagner 10 tours et à perdre les 10 autres. En gagnant 10 fois à 2,50 $ par tour, je devrais m'attendre à sortir du jeu avec 25 $ (10 X 2,50 $ = 25 $). En fait, mathématiquement, vos 20 $ vaudront plus dans 87 % des cas et vous perdrez de l'argent dans seulement 13 % des cas (si vous jouez toutes les rondes).

LE PROCESSUS DE RÉFLEXION DE JOE : Du gambling, go, go, go...

CERTAINS CHERCHEURS* SE SONT ADONNÉS À L'EXERCICE ET ONT observé que seuls 58 % des individus ont joué tous les tours. Pire encore, seuls 40 % des individus continuaient à jouer après une défaite. Il est également intéressant de noter que plus le jeu avançait, moins les individus étaient capables de prendre des décisions rationnelles. C'est presque comme si JOE avait pris les commandes après un certain temps.

Vous avez peut-être fait le parallèle avec nos marchés boursiers. Tout comme dans mon jeu, lorsque les marchés sont en baisse et que tout se vend au rabais, la peur (JOE) empêche très souvent les gens de faire ce qui est logique, surtout si ces mêmes personnes ont subi des pertes préalablement. En fait, plus les investisseurs se retrouvent longtemps dans cette zone de pertes, moins ils sont rationnels. Il est toujours amusant d'entendre les investisseurs parler au milieu d'un krach comme si les marchés n'allaient plus jamais remonter. On pourrait penser qu'après 200 ans et une bonne trentaine de krachs, les gens auraient enfin compris... Mais visiblement, ce n'est pas le cas... Je pense qu'il est temps pour une autre célèbre citation de M. Buffett. Oui, c'est l'heure.

 « En période de crise, on apprend beaucoup à court terme, un peu moins à moyen terme et rien du tout à long terme. »

— **WARREN BUFFETT**

Conseil N° 6 : Restez rationnel.

Je me souviendrai toujours, il y a quelques années de cela, une cliente m'appelle, paniquée, parce que son portefeuille avait baissé de 1 % le mois précédent. Au cours de notre conversation, elle me dit que selon ses calculs, au rythme actuel, elle perdra 12 % cette année. Sur le moment, j'ai eu envie de répondre à ma cliente de ne pas s'inquiéter parce que son portefeuille augmente de 1 % aujourd'hui, ce qui signifie qu'au taux actuel, elle va gagner 250 % cette année, mais je me souviens que c'est exactement la raison pour laquelle cette cliente me paie en premier lieu. Pour lui offrir une voie rationnelle et calme lorsqu'elle se sent émotive et nerveuse.

C'est drôle, il y a de cela plusieurs années, j'aidais mon fils à faire ses devoirs de maths. L'exercice allait comme suit : « Louis joue aux billes. Au début de la journée, il avait 10 billes. Il en gagne 10 de plus pendant la première pause et en perd 5 pendant la pause déjeuner. Combien de billes Louis a-t-il maintenant par rapport à son point de départ ? » Mon petit homme de 8 ans me regarde et dit : « Bah, c'est trop facile! C'est 5 billes de plus. » WOW ! Là, je me dis que mon fils est un vrai génie (je ne suis pas du tout impartial ici!). En effet, mon fils de 8 ans a compris ce que des millions d'investisseurs, de tous âges, répartis sur tous les continents, n'ont pas encore compris. Si vous commencez l'année avec un portefeuille de 100 000 $, gagnez 20 000 $ après 6 mois, puis perdez 10 000 $ au cours des 6 mois suivants et, à la fin de l'année, vous avez réalisé un bénéfice de 10 000 $. Vous n'avez pas perdu 10 000 $. Cela semble simple, mais en réalité, c'est incontournable : à peu près tous les investisseurs qui voient leur portefeuille fluctuer utilisent le sommet comme point de référence. C'est un autre biais émotionnel qui nous fait perdre la raison. Pire encore, nous ne commettons pas toujours cette erreur; nous le faisons simplement lorsque cela nous arrange. Vous allez au casino avec 100 $ pour augmenter vos gains à 250 $ avant de tout perdre (surprise, surprise) à la fin de la soirée, vous ne dites pas que votre soirée vous a coûté 250 $, vous dites qu'elle vous a coûté 100 $. Vous suivez un régime, vous perdez dix kilos au cours des trois premiers mois et vous en reprenez trois au cours du quatrième mois. Vous n'allez pas vous vanter auprès de vos amis d'avoir pris trois kilos, mais d'en avoir perdu sept.

Bon ça fait maintenant trois chapitres que je vous casse les pieds en vous exposant comment on est mal foutu, vulnérable et pathétique lorsque vient le temps de parler d'investissement. Vous vous demandez peut-être si ce livre est vraiment destiné à vous aider ou simplement à vous démoraliser. Mais croyez-moi, j'ai une bonne raison. Voyez-vous, c'est seulement lorsque vous êtes conscient de vos lacunes et de votre vulnérabilité que vous pouvez éviter les pièges qui se présenteront inévitablement à vous.

Ou comme l'honorable Yoda dirait : « HUMM de vos défauts et vulnérabilité conscient, vous devez être, si éviter les pièges ce que vous voulez. »

CHAPITRE 4

LE TEMPS PEUT ÊTRE VOTRE AMI OU VOTRE ENNEMI / L'ART DE NE RIEN FAIRE

J e ne le dirai jamais assez, donc je vais l'écrire en gros caractères : LE TEMPS EST LA CLÉ POUR ACCUMULER DES SOMMES IMPORTANTES.

Attendez. Je peux faire mieux

LE TEMPS EST LA CLÉ POUR ACCUMULER DES SOMMES IMPORTANTES.

Ca y est presque, mais je crois que peut-être que si je fais :

LE TEMPS EST LA CLÉ POUR ACCUMULER DES SOMMES IMPORTANTES.

Là, je crois que vous avez compris…

OK. Tout d'abord, je tiens à vous prévenir que la prochaine section aura un peu de contenu mathématique. C'est malheureusement inévitable pour couvrir le sujet de ce chapitre, mais n'ayez crainte, je vais rester aussi simple que possible. Alors, allons-y.

Voici Max et Julie qui viennent tout juste de donner naissance au petit Olivier. Malheureusement, peu de temps après, le grand-père d'Olivier décède et lui lègue la somme de 10 000 dollars que Max et Julie décident d'investir dans un compte pour Olivier.

Olivier a grandi et fait preuve de très peu de discipline financière, vivant dans l'instant présent sans trop se soucier de ses vieux jours. Il n'est pas au courant de l'existence de ce compte.

Maintenant, laissez-moi vous présenter Marco. Marco a eu la chance de profiter de son grand-père pendant longtemps, mais à l'opposé, n'a jamais reçu d'héritage. Cela dit, Marco fait preuve d'une excellente discipline et à l'âge de 25 ans, il commence à épargner 3 000 $ pour sa retraite. Marco maintient cette discipline tout au long de sa vie. Chaque année, il ajoute 3 000 $ à son compte d'épargne jusqu'à son 60e anniversaire.

À 60 ans, Marco a investi 10,8 fois plus de capital sur son compte qu'Olivier (108 000 $ contre 10 000 $). À votre avis, à rendement égal (9 % par an), qui sera le plus fortuné à 60 ans, Marco ou Olivier?

Si vous avez répondu Marco, alors vous avez malheureusement tort. Non seulement Olivier aura plus de capital à sa disposition, mais il en aura 2,5 fois plus que Marco (1 918 741 $ contre 772 128 $).

OLIVIER	DÉBUT	DÉPÔT	RENDEMENT	FIN	MARCO	DÉBUT	DÉPÔT	RENDEMENT	FIN
0	$0	$10,000	$900	$10,900	0	$0	$0	$0	$0
1	$10,900	$0	$981	$11,881	1	$0	$0	$0	$0
2	$11,881	$0	$1,069	$12,950	2	$0	$0	$0	$0
3	$12,950	$0	$1,166	$14,116	3	$0	$0	$0	$0
4	$14,116	$0	$1,270	$15,386	4	$0	$0	$0	$0
5	$15,386	$0	$1,385	$16,771	5	$0	$0	$0	$0
6	$16,771	$0	$1,509	$18,280	6	$0	$0	$0	$0
7	$18,280	$0	$1,645	$19,926	7	$0	$0	$0	$0
8	$19,926	$0	$1,793	$21,719	8	$0	$0	$0	$0
9	$21,719	$0	$1,955	$23,674	9	$0	$0	$0	$0
10	$23,674	$0	$2,131	$25,804	10	$0	$0	$0	$0
11	$25,804	$0	$2,322	$28,127	11	$0	$0	$0	$0
12	$28,127	$0	$2,531	$30,658	12	$0	$0	$0	$0
13	$30,658	$0	$2,759	$33,417	13	$0	$0	$0	$0
14	$33,417	$0	$3,008	$36,425	14	$0	$0	$0	$0
15	$36,425	$0	$3,278	$39,703	15	$0	$0	$0	$0
16	$39,703	$0	$3,573	$43,276	16	$0	$0	$0	$0
17	$43,276	$0	$3,895	$47,171	17	$0	$0	$0	$0
18	$47,171	$0	$4,245	$51,417	18	$0	$0	$0	$0
19	$51,417	$0	$4,627	$56,044	19	$0	$0	$0	$0
20	$56,044	$0	$5,044	$61,088	20	$0	$0	$0	$0
21	$61,088	$0	$5,498	$66,586	21	$0	$0	$0	$0
22	$66,586	$0	$5,993	$72,579	22	$0	$0	$0	$0
23	$72,579	$0	$6,532	$79,111	23	$0	$0	$0	$0
24	$79,111	$0	$7,120	$86,231	24	$0	$0	$0	$0
25	$86,231	$0	$7,761	$93,992	25	$0	$3,000	$270	$3,270
26	$93,992	$0	$8,459	$102,451	26	$3,270	$3,000	$564	$6,834
27	$102,451	$0	$9,221	$111,671	27	$6,834	$3,000	$885	$10,719
28	$111,671	$0	$10,050	$121,722	28	$10,719	$3,000	$1,235	$14,954
29	$121,722	$0	$10,955	$132,677	29	$14,954	$3,000	$1,616	$19,570
30	$132,677	$0	$11,941	$144,618	30	$19,570	$3,000	$2,031	$24,601
31	$144,618	$0	$13,016	$157,633	31	$24,601	$3,000	$2,484	$30,085
32	$157,633	$0	$14,187	$171,820	32	$30,085	$3,000	$2,978	$36,063
33	$171,820	$0	$15,464	$187,284	33	$36,063	$3,000	$3,516	$42,579
34	$187,284	$0	$16,856	$204,140	34	$42,579	$3,000	$4,102	$49,681
35	$204,140	$0	$18,373	$222,512	35	$49,681	$3,000	$4,741	$57,422
36	$222,512	$0	$20,026	$242,538	36	$57,422	$3,000	$5,438	$65,860
37	$242,538	$0	$21,828	$264,367	37	$65,860	$3,000	$6,197	$75,058
38	$264,367	$0	$23,793	$288,160	38	$75,058	$3,000	$7,025	$85,083
39	$288,160	$0	$25,934	$314,094	39	$85,083	$3,000	$7,927	$96,010
40	$314,094	$0	$28,268	$342,363	40	$96,010	$3,000	$8,911	$107,921
41	$342,363	$0	$30,813	$373,175	41	$107,921	$3,000	$9,983	$120,904
42	$373,175	$0	$33,586	$406,761	42	$120,904	$3,000	$11,151	$135,055
43	$406,761	$0	$36,608	$443,370	43	$135,055	$3,000	$12,425	$150,480
44	$443,370	$0	$39,903	$483,273	44	$150,480	$3,000	$13,813	$167,294
45	$483,273	$0	$43,495	$526,767	45	$167,294	$3,000	$15,326	$185,620
46	$526,767	$0	$47,409	$574,176	46	$185,620	$3,000	$16,976	$205,596
47	$574,176	$0	$51,676	$625,852	47	$205,596	$3,000	$18,774	$227,369
48	$625,852	$0	$56,327	$682,179	48	$227,369	$3,000	$20,733	$251,103
49	$682,179	$0	$61,396	$743,575	49	$251,103	$3,000	$22,869	$276,972
50	$743,575	$0	$66,922	$810,497	50	$276,972	$3,000	$25,197	$305,169
51	$810,497	$0	$72,945	$883,442	51	$305,169	$3,000	$27,735	$335,905
52	$883,442	$0	$79,510	$962,951	52	$335,905	$3,000	$30,501	$369,406
53	$962,951	$0	$86,666	$1,049,617	53	$369,406	$3,000	$33,517	$405,923
54	$1,049,617	$0	$94,466	$1,144,083	54	$405,923	$3,000	$36,803	$445,726
55	$1,144,083	$0	$102,967	$1,247,050	55	$445,726	$3,000	$40,385	$489,111
56	$1,247,050	$0	$112,235	$1,359,285	56	$489,111	$3,000	$44,290	$536,401
57	$1,359,285	$0	$122,336	$1,481,620	57	$536,401	$3,000	$48,546	$587,947
58	$1,481,620	$0	$133,346	$1,614,966	58	$587,947	$3,000	$53,185	$644,132
59	$1,614,966	$0	$145,347	$1,760,313	59	$644,132	$3,000	$58,242	$705,374
60	$1,760,313	$0	$158,428	$1,918,741	60	$705,374	$3,000	$63,754	$772,128

En fait, si l'héritage d'Olivier n'avait été que de 4000 $ ou si le rendement annuel d'Olivier avait été inférieur de 18 % à celui de Marco (7,38 % au lieu de 9 %), Olivier aurait accumulé, au final, le même montant que Marco. Sinon, Marco aurait dû épargner 7 458 $ par an pendant 35 ans pour un total de 261 030 $ (26X plus qu'Olivier) pour atteindre le même montant à 60 ans.

Accepter ce concept, pour certains, c'est un peu comme passer par les phases émotionnelles liées à l'annonce d'une mauvaise nouvelle. Il y a d'abord :

1. Déni : ce n'est pas possible, il doit y avoir une erreur;
2. Colère : c'est injuste, je m'y oppose;
3. Négociation : il y a sûrement quelque chose à faire;
4. Dépression : je suis foutu, j'ai déjà 40 ans;
5. Acceptation : ce qui est fait est fait. Quel est le plan B?

Vous êtes libre de vous attarder dans l'une des quatre premières phases si vous le souhaitez, mais la section suivante est destinée aux personnes qui ont atteint la phase 5 : l'Acceptation. Pour ceux qui ont compris que 40 ans, c'est peut-être moins bien que 25 ou 15 ans, mais que c'est toujours mieux que 50 ans...

Albert Einstein a dit : « L'intérêt composé est la force la plus puissante de notre univers. » Trop de gens croient à tort que les personnes riches ont nécessairement hérité d'une somme d'argent obscène, gagnée à la loterie, ou fondé une société multinationale. Vous tomberiez de votre chaise si vous saviez d'où vient réellement cette richesse.

Les intérêts composés, ça mange quoi en hiver? Les intérêts composés ne sont ni plus ni moins que les intérêts que vous faites sur vos intérêts. Si je reprends l'exemple d'Olivier et Marco, si Olivier réalise un rendement de 9 % par an, alors son gain à la fin de la première année sera de 900 $ (10 000 $ X 9 % = 900 $).

ÂGE OLIVIER	DÉBUT	DÉPÔT	INTÉRÊTS	INTÉRÊT COMPOSÉ	FINAL	LE RENDEMENT DE L'INVESTISSEMENT INITIAL
0	$0	$10,000	$900	$0	$10,900	**9.00%**

Cela dit, c'est à l'année 2 que la magie commence réellement, lorsque les intérêts composés commencent. Pendant la deuxième année, comme lors de la première, Olivier gagnera 900 $ sur ses 10 000 $ (9 % X 10 000 = 900 $), mais il gagnera aussi un *petit extra* puisqu'il générera également 81 $ sur les gains de la première année (9 % X 900 $ = 81 $). Pour un total général à la fin de la deuxième année de 981 $.

ÂGE OLIVIER	DÉBUT	DÉPÔT	INTÉRÊTS	INTÉRÊT COMPOSÉ	FINAL	LE RENDEMENT DE L'INVESTISSEMENT INITIAL
0	$0	$10,000	$900	$0	$10,900	**9.00%**
1	$10,900	$0	$900	$81	$11,881	**9.81%**

Le rendement réel de l'investissement initial d'Olivier pour cette année est 9,81 % (981 $ sur 10 000 $). Wow ! 0,81 % de plus, me direz-vous... Mais attendez un peu parce que la magie ne fait que commencer. Si je fais une « avance rapide » ici jusqu'à ce qu'Olivier ait 25 ans :

ÂGE OLIVIER	DÉBUT	DÉPÔT	INTÉRÊTS	INTÉRÊT COMPOSÉ	FINAL	LE RENDEMENT DE L'INVESTISSEMENT INITIAL
0	$0	$10,000	$900	$0	$10,900	**9.00%**
1	$10,900	$0	$900	$81	$11,881	**9.81%**
2	$11,881	$0	$900	$169	$12,950	**10.69%**
3	$12,950	$0	$900	$266	$14,116	**11.66%**
4	$14,116	$0	$900	$370	$15,386	**12.70%**
5	$15,386	$0	$900	$485	$16,771	**13.85%**
6	$16,771	$0	$900	$609	$18,280	**15.09%**
7	$18,280	$0	$900	$745	$19,926	**16.45%**
8	$19,926	$0	$900	$893	$21,719	**17.93%**
9	$21,719	$0	$900	$1,055	$23,674	**19.55%**
10	$23,674	$0	$900	$1,231	$25,804	**21.31%**
11	$25,804	$0	$900	$1,422	$28,127	**23.22%**
12	$28,127	$0	$900	$1,631	$30,658	**25.31%**
13	$30,658	$0	$900	$1,859	$33,417	**27.59%**
14	$33,417	$0	$900	$2,108	$36,425	**30.08%**
15	$36,425	$0	$900	$2,378	$39,703	**32.78%**
16	$39,703	$0	$900	$2,673	$43,276	**35.73%**
17	$43,276	$0	$900	$2,995	$47,171	**38.95%**
18	$47,171	$0	$900	$3,345	$51,417	**42.45%**
19	$51,417	$0	$900	$3,727	$56,044	**46.27%**
20	$56,044	$0	$900	$4,144	$61,088	**50.44%**
21	$61,088	$0	$900	$4,598	$66,586	**54.98%**
22	$66,586	$0	$900	$5,093	$72,579	**59.93%**
23	$72,579	$0	$900	$5,632	$79,111	**65.32%**
24	$79,111	$0	$900	$6,220	$86,231	**71.20%**
25	$86,231	$0	$900	$6,861	$93,992	**77.61%**

Olivier, à son 25e anniversaire, gagne toujours ses 900 $ d'origine (9 % X 10 000 $), mais il gagne aussi 6,861 $ d'intérêts supplémentaires sur ses intérêts, pour un rendement total cette année-là de 7,761 $, soit un rendement de 77,61 % sur son investissement initial. <u>Pas mal, pas mal du tout.</u>

Je ne sais pas si vous avez remarqué, mais lorsque Marco commence à déposer 3 000 dollars par an sur son compte, les intérêts composés d'Olivier (vous vous souvenez du *petit extra*) ajoutent 6,861 $ au sien. Bien sûr, Marco ne rattrapera jamais Olivier. Mais ce n'est pas tout.

• • •

Si nous avançons maintenant jusqu'à l'âge de 60 ans, le rendement total d'Olivier représente un impressionnant 1584 % de retour sur investissement initial. Les intérêts sur les intérêts génèrent maintenant 157 528 $ de <u>petit extra</u> par an. Si vous faites partie de ces sceptiques qui en sont encore à la phase 1 (déni), imaginez qu'Olivier ait eu la « bonne idée » de retirer ses bénéfices de son compte chaque année. Eh bien, Olivier aurait récolté un grand total de 54 000 $ de gains (900 $ X 60 ans = 54 000 $) mais aurait perdu ses petits extras pour un total de **1 854 741 $** (je vous épargne le calcul mais croyez-moi, c'est le bon chiffre).

Âge Olivier	Début	Dépôt	Intérêts	Fin	Rendement de l'investissement initial
0	$0	$10,000	$900	$10,900	9.00%
1	$10,900	$0	$981	$11,881	9.81%
2	$11,881	$0	$1,069	$12,950	10.69%
3	$12,950	$0	$1,166	$14,116	11.66%
4	$14,116	$0	$1,270	$15,386	12.70%
5	$15,386	$0	$1,385	$16,771	13.85%
6	$16,771	$0	$1,509	$18,280	15.09%
7	$18,280	$0	$1,645	$19,926	16.45%
8	$19,926	$0	$1,793	$21,719	17.93%
9	$21,719	$0	$1,955	$23,674	19.55%
10	$23,674	$0	$2,131	$25,804	21.31%
11	$25,804	$0	$2,322	$28,127	23.22%
12	$28,127	$0	$2,531	$30,658	25.31%
13	$30,658	$0	$2,759	$33,417	27.59%
14	$33,417	$0	$3,008	$36,425	30.08%
15	$36,425	$0	$3,278	$39,703	32.78%
16	$39,703	$0	$3,573	$43,276	35.73%
17	$43,276	$0	$3,895	$47,171	38.95%
18	$47,171	$0	$4,245	$51,417	42.45%
19	$51,417	$0	$4,627	$56,044	46.27%
20	$56,044	$0	$5,044	$61,088	50.44%
21	$61,088	$0	$5,498	$66,586	54.98%
22	$66,586	$0	$5,993	$72,579	59.93%
23	$72,579	$0	$6,532	$79,111	65.32%
24	$79,111	$0	$7,120	$86,231	71.20%
25	$86,231	$0	$7,761	$93,992	77.61%
26	$93,992	$0	$8,459	$102,451	84.59%
27	$102,451	$0	$9,221	$111,671	92.21%
28	$111,671	$0	$10,050	$121,722	100.50%
29	$121,722	$0	$10,955	$132,677	109.55%
30	$132,677	$0	$11,941	$144,618	119.41%
31	$144,618	$0	$13,016	$157,633	130.16%
32	$157,633	$0	$14,187	$171,820	141.87%
33	$171,820	$0	$15,464	$187,284	154.64%
34	$187,284	$0	$16,856	$204,140	168.56%
35	$204,140	$0	$18,373	$222,512	183.73%
36	$222,512	$0	$20,026	$242,538	200.26%
37	$242,538	$0	$21,828	$264,367	218.28%
38	$264,367	$0	$23,793	$288,160	237.93%
39	$288,160	$0	$25,934	$314,094	259.34%
40	$314,094	$0	$28,268	$342,363	282.68%
41	$342,363	$0	$30,813	$373,175	308.13%
42	$373,175	$0	$33,586	$406,761	335.86%
43	$406,761	$0	$36,608	$443,370	366.08%
44	$443,370	$0	$39,903	$483,273	399.03%
45	$483,273	$0	$43,495	$526,767	434.95%
46	$526,767	$0	$47,409	$574,176	474.09%
47	$574,176	$0	$51,676	$625,852	516.76%
48	$625,852	$0	$56,327	$682,179	563.27%
49	$682,179	$0	$61,396	$743,575	613.96%
50	$743,575	$0	$66,922	$810,497	669.22%
51	$810,497	$0	$72,945	$883,442	729.45%
52	$883,442	$0	$79,510	$962,951	795.10%
53	$962,951	$0	$86,666	$1,049,617	866.66%
54	$1,049,617	$0	$94,466	$1,144,083	944.66%
55	$1,144,083	$0	$102,967	$1,247,050	1029.67%
56	$1,247,050	$0	$112,235	$1,359,285	1122.35%
57	$1,359,285	$0	$122,336	$1,481,620	1223.36%
58	$1,481,620	$0	$133,346	$1,614,966	1333.46%
59	$1,614,966	$0	$145,347	$1,760,313	1453.47%
60 Olivier	$1,760,313	$Dép	$158,428	$1,918,741	1584.28%

Pas encore convaincu? Laissez-moi vous raconter une histoire qu'il m'a été donné de lire il n'y a pas si longtemps et qui reflète bien le véritable pouvoir des intérêts composés. Dans cette histoire, un vieil homme riche en fin de vie convoque ses deux fils jumeaux à son chevet pour discuter de leur héritage. Le vieil homme dit à ses deux fils qu'il offre à chacun soit une mallette contenant un million de dollars, soit une mallette ne contenant qu'une pièce de 1 cent toute neuve. « Mais ce cadeau est assorti d'une condition : la mallette restera sous la garde de mon major-dome pendant un mois complet, afin de vous donner le temps de réfléchir à la manière dont vous allez utiliser cet argent. Une dernière chose, si vous choisissez le million, vous pourrez, si vous le souhaitez, l'utiliser comme garantie pour demander du crédit auprès de ma banque. Si vous choisissez la pièce de 1 cent, vous pouvez également tirer dessus, mais pour chaque jour où vous choisissez de ne pas toucher à la ligne de crédit de la pièce de 1 cent, mon majordome a pour instruction de doubler le contenu de votre mallette jusqu'au 31e jour du mois. Maintenant, allez réfléchir à ma proposition et revenez demain avec votre choix. » Le lendemain matin, le premier fils arriva tôt et choisit la mallette avec le pièce de 1 cent. Le second, ayant fait la fête toute la nuit, arriva plus tard pour informer son père qu'il avait choisi la mallette d'un million de dollars. Le second fils avait un plan, 1 million c'est bien mais ce n'est pas 1 milliard. Il a donc décidé d'emprunter à la banque en utilisant le million comme garantie, d'engager une équipe d'experts en investissement, d'utiliser un maximum de levier, des options, des stratégies de vente à découvert et tout ce qui lui permettrait de faire croître ce million aussi vite que possible. Deux semaines plus tard, le second fils va voir son frère curieux de savoir ce que son frère ait de son million et découvre avec stupéfaction que son frère a refusé et pris la pièce de 1 cent à la place. « Je n'arrive pas à croire que tu aies choisi la pièce, dit le deuxième fils, tu es complètement fou? Combien as-tu dans ta mallette, demande-t-il au deuxième fils? 81,92 $, répond le premier. 81,92 $? Quel idiot tu fais! J'en suis déjà à 1 250 000$, répondit le deuxième fils. Peut-être qu'il n'est pas trop tard, tu devrais aller voir papa et le supplier de te laisser échanger, tu dois dépenser de l'argent pour en gagner, c'est la leçon qu'il voulait te faire comprendre. » Mais le premier garçon ne voulait pas en entendre parler. Cette nuit-là, le vieil homme est mort paisiblement dans son sommeil. La troisième semaine se termine et les deux frères se retrouvent pour le déjeuner. Curieux, le deuxième fils demande au premier : « Alors, comment va ta collection de pièces de 1 cent? - J'en suis maintenant à 10 485,76 $, répondit le premier fils, faisant rire le second. » Le matin du 31e jour, le directeur de la banque du deuxième fils arrive avec de mauvaises nouvelles. « Vous voyez, le marché a baissé lors de la dernière semaine du mois et à cause des appels de marge, des options expirant et des ventes à découvert, vous avez fini par perdre plus de 500 000 $, en fait, après les frais, il vous reste un peu moins de 300 000 $. » Aussi triste qu'il soit, le deuxième fils essaie de se consoler en se disant qu'au moins, il ne se retrouve pas avec des centimes comme son frère. C'était avant de découvrir qu'aujourd'hui, son frère venait de recevoir une mallette contenant 10 737 418 $ et 24 pièces de 1 cent bien brillantes. C'est le pouvoir des intérêts composés. (Si vous n'êtes pas sûr des calculs, consultez le tableau ci-dessous)

Jour 1	$0.01	Jour 12	$20.48	Jour 22	$20,971.52
Jour 2	$0.02	Jour 13	$40.96	Jour 23	$41,943.04
Jour 3	$0.04	Jour 14	$81.92	Jour 24	$83,886.08
Jour 4	$0.08	Jour 15	$163.84	Jour 25	$167,772.16
Jour 5	$0.16	Jour 16	$327.68	Jour 26	$335,544.32
Jour 6	$0.32	Jour 17	$655.36	Jour 27	$671,088.64
Jour 7	$0.64	Jour 18	$1,310.72	Jour 28	$1,342,177.28
Jour 8	$1.28	Jour 19	$2,621.44	Jour 29	$2,684,354.56
Jour 9	$2.56	Jour 20	$5,242.88	Jour 30	$5,368,709.12
Jour 10	$5.12	Jour 21	$10,485.76	Jour 31	$10,737,418.24
Jour 11	$10.24				

J'espère avoir réussi à vous convaincre ici que la clé pour accumuler de grosses sommes est de maximiser autant que possible vos intérêts composés. Comment vous y prendre ?

1. Commencez dès que possible
2. Ne touchez pas vos gains avant la fin.

Maintenant, je comprends aussi la réalité de la vie. À 18 ans, vous n'avez pas d'argent. À 25 ans, c'est le prêt étudiant. À 30 ans, la première maison. À 35 ans, les enfants. Et à 40 ans, c'est la dépression parce que le temps n'est plus votre ami. Ce qu'il faut retenir, c'est que lorsque le temps est votre ami, « **un petit peu suffit.** » Un autre livre que j'aime bien : *Le millionaire automatique* de David Bach illustre merveilleusement ce concept avec son *facteur latté*. Vous vous demandez ce qu'est le *facteur latté*? Eh bien, laissez-moi vous présenter David. David a vingt ans et chaque matin, en allant au travail, David s'arrête chez Starbucks pour prendre son traditionnel double moka latté avec la totale (chocolat, crème fouettée, sucre coloré et le petit bâton de cannelle svp). Le tout pour la modique somme de 5,95 $. David n'est pas vraiment une personne du genre matinal. En fait, David n'est franchement pas parlable sans son café, donc il est hors de question de demander à David d'éliminer son café de sa routine matinale. Mais imaginez que David se contente d'un simple mocha latté (sans crème fouettée, sucre coloré ou petit bâton de cannelle) à 3,95 $, qu'il dépose à chaque jour sa petite économie de 2 $ dans sa tirelire et qu'il mette à la banque le contenu de cette tirelire à la fin de l'année (250 jours de travail X 2 $ par jour = 500 $/an). Si David continue ce petit manège jusqu'à ce qu'il prenne sa retraite à 65 ans, il aura économisé 22 500 $ (500 $/an X 45 ans). Mieux encore, si David prenait le temps d'investir le montant en question afin de bénéficier des intérêts accumulés (vous me voyez venir avec mes gros souliers), David aurait accumulé 318 755 $ de plus (en plus de réduire par un million sa consommation calorifique journalière).

ÂGE	VALEUR INITIALE	DÉPÔT	PERFORMANCE	VALEUR FINALE
20	$ -	$ 500.00	$ 45.00	$ 545.00
21	$ 545.00	$ 500.00	$ 94.05	$ 1,139.05
22	$ 1,139.05	$ 501.00	$ 147.60	$ 1,787.65
23	$ 1,787.65	$ 502.00	$ 206.07	$ 2,495.72
24	$ 2,495.72	$ 503.00	$ 269.89	$ 3,268.61
25	$ 3,268.61	$ 504.00	$ 339.53	$ 4,112.14
26	$ 4,112.14	$ 505.00	$ 415.54	$ 5,032.69
27	$ 5,032.69	$ 506.00	$ 498.48	$ 6,037.17
28	$ 6,037.17	$ 507.00	$ 588.98	$ 7,133.14
29	$ 7,133.14	$ 508.00	$ 687.70	$ 8,328.85
30	$ 8,328.85	$ 509.00	$ 795.41	$ 9,633.25
31	$ 9,633.25	$ 510.00	$ 912.89	$ 11,056.14
32	$ 11,056.14	$ 511.00	$ 1,041.04	$ 12,608.19
33	$ 12,608.19	$ 512.00	$ 1,180.82	$ 14,301.00
34	$ 14,301.00	$ 513.00	$ 1,333.26	$ 16,147.27
35	$ 16,147.27	$ 514.00	$ 1,499.51	$ 18,160.78
36	$ 18,160.78	$ 515.00	$ 1,680.82	$ 20,356.60
37	$ 20,356.60	$ 516.00	$ 1,878.53	$ 22,751.13
38	$ 22,751.13	$ 517.00	$ 2,094.13	$ 25,362.26
39	$ 25,362.26	$ 518.00	$ 2,329.22	$ 28,209.49
40	$ 28,209.49	$ 519.00	$ 2,585.56	$ 31,314.05
41	$ 31,314.05	$ 520.00	$ 2,865.06	$ 34,699.12
42	$ 34,699.12	$ 521.00	$ 3,169.81	$ 38,389.93
43	$ 38,389.93	$ 522.00	$ 3,502.07	$ 42,414.00
44	$ 42,414.00	$ 523.00	$ 3,864.33	$ 46,801.33
45	$ 46,801.33	$ 524.00	$ 4,259.28	$ 51,584.61
46	$ 51,584.61	$ 525.00	$ 4,689.87	$ 56,799.48
47	$ 56,799.48	$ 526.00	$ 5,159.29	$ 62,484.77
48	$ 62,484.77	$ 527.00	$ 5,671.06	$ 68,682.83
49	$ 68,682.83	$ 528.00	$ 6,228.97	$ 75,439.80
50	$ 75,439.80	$ 529.00	$ 6,837.19	$ 82,806.00
51	$ 82,806.00	$ 530.00	$ 7,500.24	$ 90,836.24
52	$ 90,836.24	$ 531.00	$ 8,223.05	$ 99,590.29
53	$ 99,590.29	$ 532.00	$ 9,011.01	$ 109,133.29
54	$ 109,133.29	$ 533.00	$ 9,869.97	$ 119,536.26
55	$ 119,536.26	$ 534.00	$ 10,806.32	$ 130,876.58
56	$ 130,876.58	$ 535.00	$ 11,827.04	$ 143,238.62
57	$ 143,238.62	$ 536.00	$ 12,939.72	$ 156,714.34
58	$ 156,714.34	$ 537.00	$ 14,152.62	$ 171,403.96
59	$ 171,403.96	$ 538.00	$ 15,474.78	$ 187,416.74
60	$ 187,416.74	$ 539.00	$ 16,916.02	$ 204,871.75
61	$ 204,871.75	$ 540.00	$ 18,487.06	$ 223,898.81
62	$ 223,898.81	$ 541.00	$ 20,199.58	$ 244,639.39
63	$ 244,639.39	$ 542.00	$ 22,066.33	$ 267,247.72
64	$ 267,247.72	$ 543.00	$ 24,101.16	$ 291,891.89
65	$ 291,891.89	$ 544.00	$ 26,319.23	$ 318,755.11

Dites-moi, pensez-vous sincèrement que si le caissier disait à David : « Vous savez, Monsieur, pour un petit supplément de 318 755 $, je pourrais ajouter du chocolat, de la crème fouettée, du sucre coloré et un petit bâton de cannelle. » David dirait-il oui? Je pense que personne n'aime assez la crème fouettée pour ça.

Si vous avez retenu de cet exemple que le café est trop cher chez Starbucks, qu'il y a trop de calories dans le Double double mocha latté ou que si vous ne buvez pas du tout de café, vous serez riche, vous êtes passé à côté de l'essentiel. « **Un petit peu suffit** » signifie que, quelle que soit l'origine ou l'importance de vos économies, lorsque vous avez du temps devant vous, même une petite quantité fera une grande différence au final.

RÈGLE DE 72

Je partage ici avec vous une petite règle mathématique facile mais intéressante lorsqu'il s'agit d'estimer l'impact du temps ou du niveau de rendement sur votre accumulation de capital.

$$\frac{72}{\text{RENDEMENT \%}} = \text{NOMBRE D'ANNÉES NÉCESSAIRES POUR DOUBLER SON CAPITAL}$$

Vous comprenez également que nous pouvons aussi modifier cette formule pour obtenir ce qui suit :

$$\frac{72}{\text{NOMBRE D'ANNÉES}} = \text{\% RENDEMENT REQUIS POUR DOUBLER SON CAPITAL}$$

OK, j'ouvre une parenthèse ici pour tous les petits malins de ce monde qui disent que ma formule ne fonctionne pas parce qu'il n'est pas vrai que si je fais 72 % en un an, mon portefeuille double. À cette affirmation, je réponds ceci : vous avez tout à fait raison : la formule ne fonctionne que pour des rendements inférieurs à 20 % par an, ce qui est la réalité pour la grande majorité des gens. Cela dit, si vous avez des rendements annuels moyens à long terme de 72 %, appelez-moi, vous êtes mon nouveau meilleur ami. Fin de la parenthèse.

Pour illustrer le concept, si vous réalisez un rendement de 6 % par an, votre portefeuille doublera tous les 12 ans (72 / 6 = 12). Si vous réalisez un rendement de 8 % par an, vous doublerez votre portefeuille tous les 9 ans (72 / 8 = 9). Cela signifie que si vous avez un portefeuille de 100 000 $ et un horizon de 36 ans, à 6 % par an, votre portefeuille doublera 3 fois. Votre portefeuille passera de 100 000 $ à 200 000 $, puis de 200 000 $ à 400 000 $ et enfin de 400 000 $ à 800 000 $.

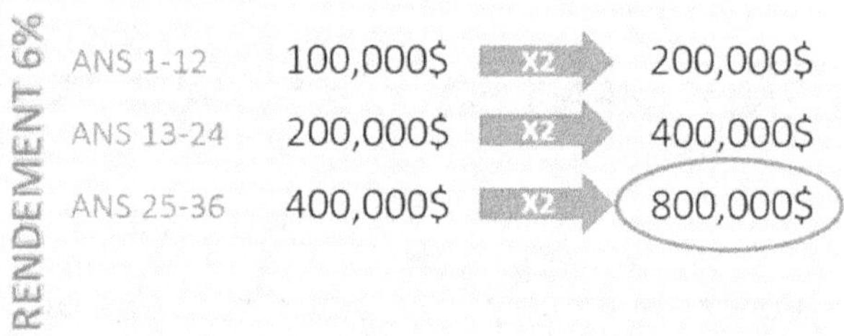

Il va sans dire que si vous avez un rendement moyen de 8 %, votre portefeuille doublera une fois de plus et vaudra 1 600 000 $ (800 000 $ X 2) à la fin de la même période.

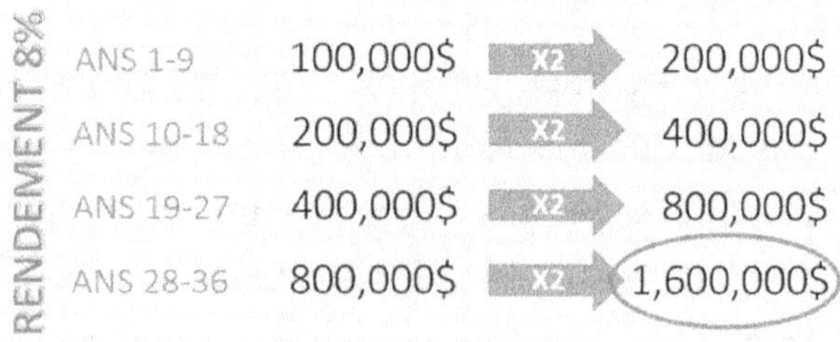

C'est incroyable ce qu'un maigre 2 % de plus par an peut faire, n'est-ce pas?

Il m'arrive très souvent de rencontrer des personnes qui sont découragées parce qu'elles sont à 10 ans de la retraite et qu'elles ont accumulé 500 000 $ pour leur retraite alors que leur objectif était d'épargner 1 000 000 $. En général, ces mêmes personnes me disent qu'elles ne voient pas comment elles vont réussir à obtenir 500 000 $ en 10 ans si elles ont mis 35 ans à épargner cette somme. Il y a 35 ans, votre portefeuille générait très peu d'intérêts composés, alors qu'aujourd'hui, c'est bien différent. Si j'utilise ma petite formule ici et que mon objectif est de doubler mon portefeuille en 10 ans, alors vous devez obtenir un rendement annuel moyen de 7,2 % (72 / 10 ans = 7,2 %) pour atteindre votre objectif, en supposant que vous cessiez d'épargner. La partie est loin d'être perdue. <u>Ne sous-estimez jamais le pouvoir des intérêts composés.</u>

OK. Si vous êtes toujours là, félicitations! Vous venez de passer au travers du chapitre le plus mathématique de ce livre. Je vous promets d'enfermer sous clé le geek en moi et de garder les mathématiques au strict minimum d'ici la fin du livre.

CHAPITRE 5

PENSION PONZI / APPRENDRE À DEVENIR ÉGOÏSTE

Le gouvernement prend ce qu'il veut de votre salaire, puis c'est l'électricité, le loyer, la voiture, l'épicerie, le câble, etc. Et après tout ça, c'est enfin votre tour... En supposant qu'il en reste, bien sûr.

C'est moi ou il y a quelque chose qui cloche avec ce portrait ? Je n'en suis pas sûr, mais il me semble qu'étant donné que c'est <u>votre</u> salaire que <u>vous avez</u> travaillé si dur pour gagner, peut-être que vous ne devriez pas être complètement au bas de la chaîne alimentaire. Ne le dites pas à mes enfants, car je ne cesse de leur dire de partager et de penser aux autres, mais dans ce cas précis, il est temps pour vous d'apprendre à être égoïste, car honnêtement, si vous ne le faites pas, je ne suis pas sûr que quelqu'un d'autre le fera pour vous.

J'adore David Chilton, l'auteur du livre *Wealthy Barber*. David a une manière bien à lui d'expliquer les choses de façon à la fois simple et amusante. Si vous ne deviez retenir qu'un seul concept du livre *Wealthy Barber* (et ce serait dommage de n'en retenir qu'un), ce serait d'apprendre à vous payer d'abord.

Économiser de l'argent, c'est un peu comme perdre du poids : on peut avoir un super plan et la meilleure motivation du monde, mais on a rarement la discipline nécessaire pour atteindre ses objectifs. Non mais sérieusement, y a-t-il quelque chose de plus ennuyeux que de mettre de l'argent à la banque, de payer ses dettes ou de se constituer un joli RER?

VOYONS VOIR :

OPTION 1 : UNE SEMAINE TOUT COMPRIS AU CLUB MED EN plein hiver pendant que ses collègues se les gèlent à -35 degrés.

OPTION 2 : ACHETER UN CPG DE 5 ANS POUR LE METTRE DANS son RER.

PEUT-ÊTRE QU'AVEC UN PEU DE MARKETING, JE POURRAIS changer ça. Voyons voir :

Option n° 2 (A) : Acheter un merveilleux investissement qui vous permettra de prendre votre retraite plus rapidement et d'assurer votre indépendance financière pour le reste de votre vie...

Rien à faire, peu importe comment je l'habille, les plages de sable chaud, le soleil, la tranquillité et les margaritas auront toujours le dessus sur un investissement. C'est pourquoi, en fin de compte, vous ne pouvez pas vous faire confiance lorsque vient le temps de faire la bonne chose (cette dernière phrase est probablement la chose la plus étrange que j'ai écrite dans ce livre, j'en conviens, mais elle n'en est pas moins vraie). La solution, c'est de vous retirer de l'équation, d'éviter d'avoir à prendre la décision et de vous payer en premier. C'est simple : mettez en place un prélèvement automatique directement sur votre compte bancaire pour le montant que vous voulez épargner à chaque paie. Cet argent sortira de votre compte aussi rapidement qu'il y est entré, ne sera jamais entre vos mains et ne vous soumettra pas à la tentation. Amen. Trop compliqué? Ouvrez un second compte bancaire et demandez à votre employeur d'y verser une partie de votre salaire à chaque paie (oui, il peut faire ça). Vous n'en aurez même pas conscience.

La réalité est qu'investir de l'argent, c'est ennuyeux. Et que si ce n'était pas nécessaire, personne ne le ferait. Ennuyeux ou pas, investir pour l'avenir est un mal nécessaire. Je vous préviens tout de suite, si vous êtes le genre d'optimiste qui pense que le gouvernement va subvenir à ses besoins, vous n'aimerez pas la section suivante.

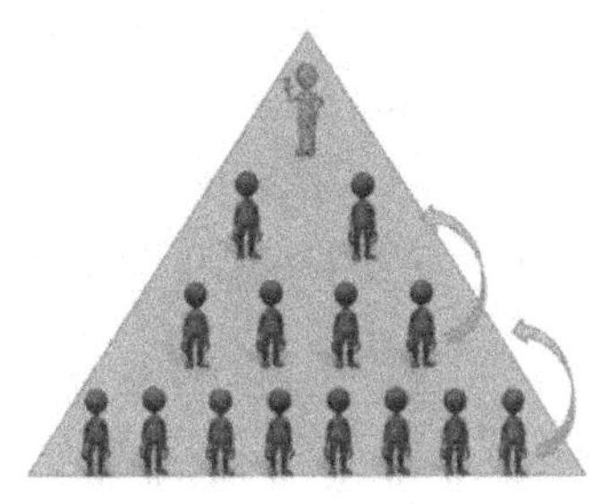

Popularisée en 1920 par un certain Charles Ponzi et plus récemment par un certain Bernard Madoff, une chaîne de Ponzi consiste essentiellement à attirer des investisseurs en leur promettant des rendements qui sont ultimement payés directement à même les fonds de nouveaux investisseurs toujours de plus en plus nombreux. Une chaîne de Ponzi est vulnérable à deux événements : un krach boursier, mais surtout, l'absence de nouveaux investisseurs. C'est généralement lors d'un krach boursier, lorsque peu de gens sont intéressés à investir, que les stratagèmes Ponzi sont exposés.

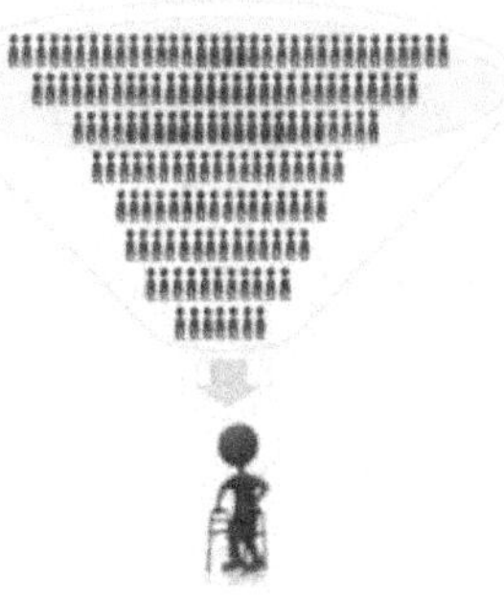

Beaucoup de gens croient à tort que la pension de la Sécurité de la vieillesse versée par le gouvernement fédéral est le résultat de l'argent qu'ils ont accumulé au cours de leur vie. Cela ne pourrait être plus éloigné de la vérité. En réalité, la pension versée aux retraités est payée à partir de l'argent prélevé sur le revenu des travailleurs actuels.

En bref, la pension fédérale n'est ni plus ni moins qu'un grand stratagème Ponzi. Légale, peut-être, mais construite sur les mêmes bases, ce qui la rend vulnérable, comme les autres stratagèmes Ponzi, aux mauvais rendements, mais surtout à l'absence de nouveaux cotisants.

Lorsqu'elle a été créée en 1952, la pension versait 480 $ par an. Vous y étiez admissible à l'âge de 70 ans, mais l'espérance de vie était de 68 ans. Mieux encore, il y avait 18 travailleurs pour financer la pension de chaque retraité. La facture totale du programme fédéral de pension était de 148 millions de dollars.

1952

SALAIRE MOYEN = 2,647$ / AN
PENSION = 480$ / AN
ÉLIGIBILITÉ = 70 ANS
ESPÉRANCE DE VIE = 68 ANS
TAUX DE NATALITÉ = 3.6 / FEMME
RATIO TRAVAILLEURS / RETRAITÉ = 18/1
COÛT TOTAL FONDS DE PENSION = 148,236,000$

En 2022, la pension paye 7 623 $ par an. Vous y êtes éligible à l'âge de 65 ans et l'espérance de vie est passée à 83 ans. En 2022, il y a trois travailleurs pour financer la pension de chaque retraité alors que la facture totale du programme de pension fédéral a augmenté à 47 milliards de dollars, 317X plus qu'en 1952.

> ## 2022
>
> SALAIRE MOYEN = 54,720$ / AN
> PENSION = 7623$ / AN
> ÉLIGIBILITÉ = 65 ANS
> ESPÉRANCE DE VIE = 83 ANS
> TAUX DE NATALITÉ = 1.6 / FEMME
> RATIO TRAVAILLEURS / RETRAITÉ = 3/1
> COÛT TOTAL FONDS DE PENSION = 47,000,000,000$

Commencez-vous à comprendre où je veux en venir? En 70 ans, la facture a été multipliée par 317 et le nombre de payeurs pour cette même facture a été divisé par six. Ça ne marche plus.

Selon Statistique Canada, dès 2030, il ne restera que 2 travailleurs pour financer la pension de chaque retraité et la facture aura plus que doublé pour atteindre près de 108 milliards de dollars, soit 729X plus que le budget initial. Bref, la pyramide est sur le point de s'effondrer...

> ## 2030
> ### RATIO TRAVAILLEURS / RETRAITÉ
>
> 2 / 1
>
> **COÛT FONDS DE PENSION**
>
> # 108,000,000,000$

Soyons réalistes une seconde. Si vous me dites que je vais devoir partager avec 17 autres travailleurs une facture de 480 $ par an pour chaque personne qui vit au-delà de 70 ans et que la grande majorité des gens mourront avant 68 ans, c'est une bonne affaire.

Si vous me dites que je dois payer 7 683 $ par année pour chaque personne qui vit au-delà de 65 ans, que la grande majorité des gens vont vivre au-delà de 83 ans et que je vais devoir assumer ce fardeau de ma propre poche parce qu'aujourd'hui, il n'y a plus assez de gens pour partager cette facture avec moi, je veux renégocier et le plus vite possible.

Oui mais François, le gouvernement ne peut pas réduire la pension! Non seulement il le peut, mais il a déjà commencé à le faire. Dans le budget 2010, ils ont introduit la récupération fiscale qui permet au gouvernement de réduire votre pension et même de l'éliminer complètement s'ils le jugent nécessaire. Et croyez-moi, ce n'est que le commencement...

Pourquoi ce chapitre s'intitule-t-il « Soyez égoïste »? Parce que comme je l'ai mentionné au tout début, si vous ne pensez pas à vous, personne d'autre ne le fera. Soyez égoïste et vous aurez votre santé financière entre vos mains. Hé! Je ne suis pas dans le secret des dieux et peut-être que le régime de retraite est finalement là pour rester. Tant mieux si je me trompe, ce sera la cerise sur le gâteau pour vous. Quoi qu'il en soit, vous ne pouvez pas vous mettre en danger en ne comptant que sur ce montant. Utilisez le temps (l'effet latté) et prenez le contrôle de votre santé financière. C'est le meilleur conseil que je puisse vous donner.

CHAPITRE 6

COMBIEN CELA COÛTE-T-IL ? / FLASH INFO : LES BANQUES NE SONT PAS DES ORGANISATIONS À BUT NON LUCRATIF

Vous pouvez peut-être m'aider. Je travaille dans la finance depuis 20 ans maintenant. J'ai plus d'une centaine de clients. Je leur ai tous demandé combien je leur coûtais et seule une minorité d'entre eux ont été capables de me répondre. J'ai rencontré plusieurs dizaines de prospects qui m'ont posé une tonne de questions sur mon processus, mes rendements, mon équipe, mon expérience, mais presque aucun d'entre eux ne m'a demandé combien coûtaient mes services. Pire encore, beaucoup de gens sont mal à l'aise quand j'aborde le sujet comme si je leur posais des questions super personnelles sur leur vie sexuelle. **JE NE COMPRENDS PAS.**

Voici Pierre-Jean Jacques. Pierre-Jean Jacques est en deuil. Sa tondeuse à gazon, Lola, avec laquelle il passait tous ses dimanches après-midi depuis huit ans vient de rendre l'âme.... Pierre-Jean-Jacques doit s'en remettre et bien qu'il se sente infidèle à Lola, sa pelouse a maintenant atteint une longueur inquiétante. C'est alors que le processus commence. Pierre-Jean-Jacques s'achète le guide de la tondeuse 2022, navigue sur le Web pour trouver les meilleures recommandations et fait le tour des magasins de la région à la recherche de la meilleure tondeuse et surtout, du meilleur prix. Peu importe s'il dépense 50 dollars d'essence pour en économiser 15, c'est une décision importante... Pierre-Jean-Jacques a aussi un conseiller en investissement qui lui coûte ... aucune idée, mais finalement ce n'est pas si important, après tout cela ne représente que des centaines de milliers de dollars...

Croyez-moi, mon exemple, bien qu'il semble totalement tiré par les cheveux, n'est malheureusement pas loin de la réalité. La vérité est que vous n'avez probablement aucune idée de ce que vous coûte réellement votre conseiller en placement. Et pire encore, <u>combien il vous coûtera en bout de ligne</u>. Pour commencer, si vous me dites que vous ne payez pas de frais pour vos investissements parce que vous êtes dans des fonds communs de placement, je ne peux pas vous aider autrement qu'en vous disant : « Oui, bien sûr, car les banques et les sociétés de fonds communs de placement sont toutes des organisations à but non lucratif qui ont vos intérêts à cœur et <u>uniquement</u> vos intérêts ». (P.-S. : au cas où vous ne l'aviez pas encore compris, j'étais sarcastique ici). Non seulement vous payez des frais pour vos fonds communs de placement, mais vous payez très probablement beaucoup plus de frais que l'investisseur moyen. Les sociétés de fonds sont passées maîtres dans l'art de dissimuler leurs frais, ne soyez pas naïfs.

Si je peux me permettre de vous donner un conseil, si on vous offre un produit d'investissement gratuit, prenez vos jambes à votre cou. Soit votre conseiller ne sait pas de quoi il parle, soit il vous prend pour une valise. Vous voulez être naïf, soyez-le en amour, pas en affaires.

« Bah, François! Et alors, si mes investissements me coûtent 2 % par an au lieu de 1 %.... C'est pas la fin du monde, c'est juste 1 %. »

D'abord je sais que Monsieur Naïf ici présent (nom fictif encore une fois, je suis sûr que vous l'aurez deviné) n'a pas lu mon chapitre 4 qui explique l'effet du temps sur vos investissements car si Monsieur Naïf l'avait lu, il aurait compris qu'à long terme, 1 %, c'est énorme. Pas convaincu?

Permettez-moi de vous présenter M. Smart (ai-je vraiment besoin de vous mentionner que j'utilise des noms fictifs ici!). M. Smart paie 1 % par an à son gestionnaire qui le récompense bien avec un excellent rendement annuel moyen de 10 % (avant frais). M. Naïf paie 2 % par an à son conseiller qui est tout aussi bon et génère des rendements annuels moyens tout aussi impressionnants de 10 % (avant frais). Monsieur Smart et Monsieur Naïf ont tous deux 25 ans et laissent leur portefeuille fructifier pendant 40 ans car ces fonds sont destinés à leur retraite. Leurs deux portefeuilles sont identiques en tous points et sont exposés au même niveau de risque. La seule différence : les frais.

Pour répondre à M. Naïf qui croit que 1 % n'est pas la fin du monde, eh bien si pour vous 968 489.86 $ n'est pas la fin du monde, je ne comprends vraiment pas pourquoi vous avez acheté ce livre en premier lieu. Vous vous rendez compte que M. Smart et M. Naïf avaient tous deux la même somme d'argent au départ, qu'ils ont tous deux fait preuve de la même discipline et qu'ils ont tous deux assumé le même risque. Dans ces circonstances, est-il juste que M. Smart ait accumulé 45 % de plus que M. Naïf ? (3 140 942 $ pour M. Smart contre 2 172 452 $ pour M. Naïf)?

MR. SMART	9.00%				MR. NAÏF	8.00%		
ÂGE	VALEUR INITIALE	RENDEMENT	VALEUR FINALE		ÂGE	VALEUR INITIALE	RENDEMENT	VALEUR FINALE
26	$100,000.00	$9,000.00	$109,000.00		26	$100,000.00	$8,000.00	$108,000.00
27	$109,000.00	$9,810.00	$118,810.00		27	$108,000.00	$8,640.00	$116,640.00
28	$118,810.00	$10,692.90	$129,502.90		28	$116,640.00	$9,331.20	$125,971.20
29	$129,502.90	$11,655.26	$141,158.16		29	$125,971.20	$10,077.70	$136,048.90
30	$141,158.16	$12,704.23	$153,862.40		30	$136,048.90	$10,883.91	$146,932.81
31	$153,862.40	$13,847.62	$167,710.01		31	$146,932.81	$11,754.62	$158,687.43
32	$167,710.01	$15,093.90	$182,803.91		32	$158,687.43	$12,694.99	$171,382.43
33	$182,803.91	$16,452.35	$199,256.26		33	$171,382.43	$13,710.59	$185,093.02
34	$199,256.26	$17,933.06	$217,189.33		34	$185,093.02	$14,807.44	$199,900.46
35	$217,189.33	$19,547.04	$236,736.37		35	$199,900.46	$15,992.04	$215,892.50
36	$236,736.37	$21,306.27	$258,042.64		36	$215,892.50	$17,271.40	$233,163.90
37	$258,042.64	$23,223.84	$281,266.48		37	$233,163.90	$18,653.11	$251,817.01
38	$281,266.48	$25,313.98	$306,580.46		38	$251,817.01	$20,145.36	$271,962.37
39	$306,580.46	$27,592.24	$334,172.70		39	$271,962.37	$21,756.99	$293,719.36
40	$334,172.70	$30,075.54	$364,248.25		40	$293,719.36	$23,497.55	$317,216.91
41	$364,248.25	$32,782.34	$397,030.59		41	$317,216.91	$25,377.35	$342,594.26
42	$397,030.59	$35,732.75	$432,763.34		42	$342,594.26	$27,407.54	$370,001.81
43	$432,763.34	$38,948.70	$471,712.04		43	$370,001.81	$29,600.14	$399,601.95
44	$471,712.04	$42,454.08	$514,166.13		44	$399,601.95	$31,968.16	$431,570.11
45	$514,166.13	$46,274.95	$560,441.08		45	$431,570.11	$34,525.61	$466,095.71
46	$560,441.08	$50,439.70	$610,880.77		46	$466,095.71	$37,287.66	$503,383.37
47	$610,880.77	$54,979.27	$665,860.04		47	$503,383.37	$40,270.67	$543,654.04
48	$665,860.04	$59,927.40	$725,787.45		48	$543,654.04	$43,492.32	$587,146.36
49	$725,787.45	$65,320.87	$791,108.32		49	$587,146.36	$46,971.71	$634,118.07
50	$791,108.32	$71,199.75	$862,308.07		50	$634,118.07	$50,729.45	$684,847.52
51	$862,308.07	$77,607.73	$939,915.79		51	$684,847.52	$54,787.80	$739,635.32
52	$939,915.79	$84,592.42	$1,024,508.21		52	$739,635.32	$59,170.83	$798,806.15
53	$1,024,508.21	$92,205.74	$1,116,713.95		53	$798,806.15	$63,904.49	$862,710.64
54	$1,116,713.95	$100,504.26	$1,217,218.21		54	$862,710.64	$69,016.85	$931,727.49
55	$1,217,218.21	$109,549.64	$1,326,767.85		55	$931,727.49	$74,538.20	$1,006,265.69
56	$1,326,767.85	$119,409.11	$1,446,176.95		56	$1,006,265.69	$80,501.26	$1,086,766.94
57	$1,446,176.95	$130,155.93	$1,576,332.88		57	$1,086,766.94	$86,941.36	$1,173,708.30
58	$1,576,332.88	$141,869.96	$1,718,202.84		58	$1,173,708.30	$93,896.66	$1,267,604.96
59	$1,718,202.84	$154,638.26	$1,872,841.09		59	$1,267,604.96	$101,408.40	$1,369,013.36
60	$1,872,841.09	$168,555.70	$2,041,396.79		60	$1,369,013.36	$109,521.07	$1,478,534.43
61	$2,041,396.79	$183,725.71	$2,225,122.50		61	$1,478,534.43	$118,282.75	$1,596,817.18
62	$2,225,122.50	$200,261.03	$2,425,383.53		62	$1,596,817.18	$127,745.37	$1,724,562.56
63	$2,425,383.53	$218,284.52	$2,643,668.05		63	$1,724,562.56	$137,965.00	$1,862,527.56
64	$2,643,668.05	$237,930.12	$2,881,598.17		64	$1,862,527.56	$149,002.21	$2,011,529.77
65	$2,881,598.17	$259,343.84	$3,140,942.01		65	$2,011,529.77	$160,922.38	$2,172,452.15

-$968,489.86

Pire encore, imaginez que M. Smart et M. Naïf continuent sur la même voie pendant leur retraite et que tous deux vivent jusqu'à 90 ans.

MR. SMART — 9.00%

ÂGE	VALEUR INITIALE	RENDEMENT	RETRAIT	VALEUR FINALE
66	$3,140,942.01	$282,684.78	-$319,767.53	$3,103,859.26
67	$3,103,859.26	$279,347.33	-$319,767.53	$3,063,439.07
68	$3,063,439.07	$275,709.52	-$319,767.53	$3,019,381.05
69	$3,019,381.05	$271,744.29	-$319,767.53	$2,971,357.82
70	$2,971,357.82	$267,422.20	-$319,767.53	$2,919,012.49
71	$2,919,012.49	$262,711.12	-$319,767.53	$2,861,956.09
72	$2,861,956.09	$257,576.05	-$319,767.53	$2,799,764.61
73	$2,799,764.61	$251,978.81	-$319,767.53	$2,731,975.89
74	$2,731,975.89	$245,877.83	-$319,767.53	$2,658,086.19
75	$2,658,086.19	$239,227.76	-$319,767.53	$2,577,546.42
76	$2,577,546.42	$231,979.18	-$319,767.53	$2,489,758.07
77	$2,489,758.07	$224,078.23	-$319,767.53	$2,394,068.77
78	$2,394,068.77	$215,466.19	-$319,767.53	$2,289,767.43
79	$2,289,767.43	$206,079.07	-$319,767.53	$2,176,078.97
80	$2,176,078.97	$195,847.11	-$319,767.53	$2,052,158.55
81	$2,052,158.55	$184,694.27	-$319,767.53	$1,917,085.29
82	$1,917,085.29	$172,537.68	-$319,767.53	$1,769,855.43
83	$1,769,855.43	$159,286.99	-$319,767.53	$1,609,374.89
84	$1,609,374.89	$144,843.74	-$319,767.53	$1,434,451.10
85	$1,434,451.10	$129,100.60	-$319,767.53	$1,243,784.17
86	$1,243,784.17	$111,940.58	-$319,767.53	$1,035,957.22
87	$1,035,957.22	$93,236.15	-$319,767.53	$809,425.84
88	$809,425.84	$72,848.33	-$319,767.53	$562,506.64
89	$562,506.64	$50,625.60	-$319,767.53	$293,364.71
90	$293,364.71	$26,402.82	-$319,767.53	$0.00

$7,994,188.23

MR. NAÏF — 8.00%

ÂGE	VALEUR INITIALE	RENDEMENT	RETRAIT	VALEUR FINALE
66	$2,172,452.15	$173,796.17	-$203,512.66	$2,142,735.66
67	$2,142,735.66	$171,418.85	-$203,512.66	$2,110,641.84
68	$2,110,641.84	$168,851.35	-$203,512.66	$2,075,980.53
69	$2,075,980.53	$166,078.44	-$203,512.66	$2,038,546.30
70	$2,038,546.30	$163,083.70	-$203,512.66	$1,998,117.34
71	$1,998,117.34	$159,849.39	-$203,512.66	$1,954,454.07
72	$1,954,454.07	$156,356.33	-$203,512.66	$1,907,297.73
73	$1,907,297.73	$152,583.82	-$203,512.66	$1,856,368.88
74	$1,856,368.88	$148,509.51	-$203,512.66	$1,801,365.73
75	$1,801,365.73	$144,109.26	-$203,512.66	$1,741,962.32
76	$1,741,962.32	$139,356.99	-$203,512.66	$1,677,806.64
77	$1,677,806.64	$134,224.53	-$203,512.66	$1,608,518.51
78	$1,608,518.51	$128,681.48	-$203,512.66	$1,533,687.32
79	$1,533,687.32	$122,694.99	-$203,512.66	$1,452,869.64
80	$1,452,869.64	$116,229.57	-$203,512.66	$1,365,586.55
81	$1,365,586.55	$109,246.92	-$203,512.66	$1,271,320.81
82	$1,271,320.81	$101,705.66	-$203,512.66	$1,169,513.81
83	$1,169,513.81	$93,561.10	-$203,512.66	$1,059,562.25
84	$1,059,562.25	$84,764.98	-$203,512.66	$940,814.56
85	$940,814.56	$75,265.16	-$203,512.66	$812,567.06
86	$812,567.06	$65,005.36	-$203,512.66	$674,059.76
87	$674,059.76	$53,924.78	-$203,512.66	$524,471.88
88	$524,471.88	$41,957.75	-$203,512.66	$362,916.96
89	$362,916.96	$29,033.36	-$203,512.66	$188,437.65
90	$188,437.65	$15,075.01	-$203,512.66	$0.00

$5,087,816.62

-$2,906,371.60

Eh bien, M. Smart disposera de 319 768 $ par an pour profiter de la vie, tandis que M. Naïf n'aura que 203 513 $. À sa mort, M. Naïf aura laissé 2 906 372 $ sur la table. Presque 3 millions de dollars et tout ça pour un misérable petit 1 %. **C'est ça que ça fait, 1 %, M. Naïf.**

Un écart de 1 % peut vous sembler énorme, mais il n'est pas rare de voir ce genre d'écart. J'ai même vu des écarts de 2 % et de 3 %. Cela dit, dans l'exemple précédent, même un écart de 0,1 % aurait coûté 350 000 $. Je ne sais pas pour vous, mais je ne suis pas du genre à laisser 350 000 $ sur la table.

J'entends déjà tous ceux et celles qui pensent présentement que s'ils pouvaient ne pas payer de frais du tout, ce serait encore plus génial. À vous tous, éternels rêveurs, je réponds ceci : « Vous pourriez également sauver de l'argent en vous improvisant dentiste. »

Votre conseiller financier vous offre une certaine expertise et, oui, il s'attend à être rémunéré pour son expertise (n'oubliez pas que rien n'est gratuit). Plusieurs études ont été réalisées à ce sujet. Le Centre interuniversitaire de recherche en analyse organisationnelle (CIRANO) a démontré que lorsque l'on compare deux investisseurs, ceux qui ont bénéficié des services d'un conseiller pendant quatre à six ans ont un patrimoine financier supérieur de 58 % à celui des personnes qui n'ont pas eu de conseiller. Morningstar estime à 1,82 % par année (après frais) la valeur ajoutée d'avoir un conseiller en placement. Vous vous souvenez de l'exemple de M. Smart et M. Naïf :

(1 % = +2 906 372 $), eh bien +1,82 % par année = 6 452 866 $.

Le fait d'avoir un conseiller en placement offre une grande valeur ajoutée et il est parfaitement normal de le rémunérer. Veuillez simplement à ne pas le surpayer. Vous pourriez avoir le meilleur livreur de journaux du monde, mais il ne mériterait toujours pas un salaire d'un million de dollars par an.

Tout ce que je dis, c'est que nous avons tous un petit côté Pierre-Jean-Jacques en nous. Nous devrions le laisser travailler aussi dur lorsqu'il s'agit d'acheter des investissements que lorsque nous achetons une nouvelle tondeuse à gazon.

Voulez-vous être M. Smart ou M. Naïf? La balle est dans votre camp.

CHAPITRE 7

RISQUE 101 / SAUTER D'UN AVION SANS PARACHUTE

Qu'est-ce qui est le plus risqué : sauter d'un avion avec un parachute ou sans parachute? Si vous avez répondu sans parachute, alors félicitations, vous faites partie du 95 % de notre société qui n'ont pas la bonne perception de ce qu'est le risque, du moins d'un point de vue financier.

En matière d'investissement, le risque, c'est L'INCERTAIN. Trop souvent, la probabilité de se faire mal, de se blesser ou même de se tuer est mêlée au terme risque, alors qu'en matière d'investissement, il n'en est rien. Les investisseurs n'aiment pas l'incertitude. Plus il y a d'incertitude dans un marché, plus il est volatil et risqué. Il est donc, d'un point de vue financier, beaucoup plus risqué de sauter d'un avion avec un parachute que sans, car la personne qui saute sans parachute fait face à très peu d'incertitude (la mort est inévitable) alors que celle qui saute avec un parachute se demande probablement si son parachute s'ouvrira ou non.

Vous voulez des exemples? Pas de problème! Je ne remonte pas plus loin que 2008. La crise financière bat son plein, le système bancaire américain est au bord de l'effondrement et le Dow Jones vient de chuter de 41 % au cours des six derniers mois. Le gouvernement américain annonce une première intervention à suivre quelque part dans les six prochains mois. Trente jours plus tard, le Dow Jones a rebondi de 15 %. Heeelllllooo! Le gouvernement n'a pas encore injecté une seule cenne. Tout est une question d'incertitude. Plus récemment, on apprend que l'Angleterre vote en faveur du Brexit et que c'est la fin du monde tel que nous le connaissons. Le marché chute de plus de 10 % dans les jours qui suivent. Deux semaines plus tard, les marchés ont augmenté de 12 %. Le vote n'a pas été renversé pour autant; le Brexit est toujours bel et bien officiel. C'est-tu juste moi ou ....

Les investisseurs détestent les surprises.

C'est bien beau, François, mais comment mesurer l'incertain? L'incertitude en tant que telle ne peut pas vraiment être mesurée. Cela dit, il est possible de mesurer la force avec laquelle un investissement réagit aux surprises. Cette mesure s'appelle l'écart-type. L'écart-type, dont je vais vous dispenser le calcul, est une mesure de la volatilité. Plus votre écart-type est élevé, plus votre portefeuille est volatil et vice versa. Vous voulez avoir une idée du niveau de risque de votre portefeuille, votre portefeuille aura dans 95 % des cas des rendements qui fluctueront dans une fourchette de + ou - 2 fois votre écart-type par rapport à son rendement moyen. Par exemple, si vous avez un portefeuille avec un rendement moyen de 7 % et un écart-type de 5 %, alors 95 % du temps, votre rendement sera compris entre **-3 %** (7 %-

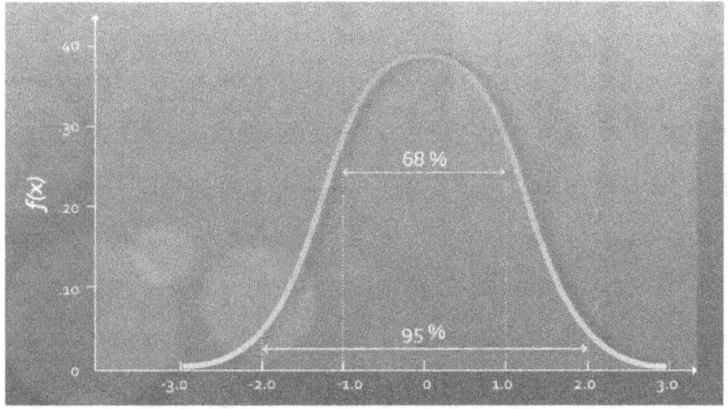

(2*5 %)) et **+17 %** (7 % + (2*5 %)).

J'ai promis au début de ce livre que je n'allais pas vous donner la nausée et pour cette raison, je vais arrêter les mathématiques ici. Ce que je veux vraiment que vous reteniez ici, c'est que le rendement seul ne signifie <u>absolument rien</u>.

Par exemple : Nicolas et Justine ont chacun un conseiller en placement qui a généré un rendement de 10 % l'année dernière. Lequel des deux conseillers est le meilleur?

La réponse que nous cherchions est : **<u>pas la moindre idée.</u>**

Pourquoi ? Parce qu'il nous manque une information essentielle pour le savoir : le niveau de risque. Si je vous dis maintenant que le portefeuille de Nicolas a un écart-type de 25 % et celui de Justine, un écart-type de 5 %, qui est le meilleur conseiller?

Si l'on considère que le conseiller de Nicolas a risqué 25 % du compte pour générer un rendement de 10 %, alors que le conseiller de Justine n'a risqué que 5 % pour générer le même rendement, il est clair que le conseiller de Justine est beaucoup plus efficace. Que se passerait-il maintenant si le conseiller de Nicolas avait, avec son niveau de risque actuel, obtenu un rendement de 20 %? Même conclusion.

Attends une minute, François! Tu es vraiment en train de me dire que le conseiller qui génère un rendement de 10 % est meilleur que celui qui en génère 20 %? Oui, c'est exactement ce que je suis en train de te dire. Voyez-vous, le travail d'un conseiller est de s'assurer que le risque que son client prend est correctement rémunéré. Si votre conseiller génère 2 $ de profit pour chaque dollar que vous risquez (rendement de 10 % / écart-type de 5%) comme celui de Justine, vous êtes en bien meilleure compagnie que si votre conseiller génère 0,80 $ de profit pour chaque dollar de risque (rendement de 20 % / écart-type de 25 %).

Vous entrez dans un casino. Deux tables de blackjack se trouvent devant vous. À la première table, pour une mise de 100 $, à chaque main gagnante, le croupier vous donnera 80 $ de profit. À la deuxième table, pour la même mise de 100 $, chaque main gagnante vous rapportera 200 $ de profit. Si vous choisissez de vous asseoir à la première table, soit vous ne comprenez pas le concept, soit vous avez un sérieux problème de jeu.

Je l'ai déjà dit et je vais le répéter parce que c'est très important. En fait, c'est l'une des choses les plus importantes de ce livre. Le travail de votre conseiller consiste à maximiser le rendement de votre portefeuille en fonction de votre niveau de risque. Pas de maximiser votre rendement indépendamment du risque, ni de vous convaincre de prendre plus de risques. Vous vous souvenez de mon rapport risque/rendement?

$$\frac{\%\ \text{RENDEMENT}}{\%\ \text{RISQUE}} = \text{PLUS CE RATIO EST ÉLEVÉ, MEILLEUR EST VOTRE CONSEILLER}$$

C'est la seule façon de comparer des pommes avec des pommes lorsqu'il s'agit d'analyser la qualité du travail de votre conseiller. Votre conseiller a trois possibilités pour améliorer son ratio : augmenter son rendement (sans augmenter significativement son risque), diminuer son risque (sans diminuer significativement son rendement) ou, dans le meilleur des mondes, augmenter son rendement en diminuant son risque (plus facile à dire qu'à faire, mais néanmoins réalisable). Une chose que votre conseiller ne devrait jamais, au grand jamais, faire est d'essayer de vous faire prendre plus de risques que vous n'êtes réellement capable d'en tolérer. Son travail consiste à déterminer correctement votre niveau de tolérance au risque, à vous donner les meilleurs résultats dans le cadre de votre profil d'investisseur et à gérer vos attentes. Voici les trois pires choses que votre conseiller peut vous faire :

STRIKE ONE

Votre conseiller ne connaît pas votre véritable niveau de tolérance au risque et gère comme il l'entend, en fonction de son niveau de confort. Ce n'est qu'une question de temps avant que votre portefeuille ne baisse plus que vous ne pouvez le supporter et que vous tiriez sur la prise au pire moment possible, lorsque tout est à la baisse.

STRIKE TWO

Votre conseiller est conscient de votre tolérance au risque mais choisit de l'ignorer, pensant que son travail consiste à vous obtenir le meilleur rendement possible, quoi qu'il arrive. Vous perdrez un jour plus d'argent que vous ne l'auriez cru possible et vous ne comprendrez pas pourquoi.

STRIKE THREE

Votre conseiller, avec les meilleures intentions du monde, crée un portefeuille conforme à votre tolérance au risque, mais néglige de rééquilibrer votre portefeuille ou de mettre à jour votre profil au fil des ans.

La tolérance au risque est une chose très personnelle. Il n'est pas vrai que parce que vous avez 18 ans, vous êtes capable d'assumer beaucoup de risques ou, à l'inverse, que parce que vous avez 88 ans, vous n'êtes pas capable d'assumer le moindre risque. Chaque individu est unique; vos expériences de vie, votre personnalité, votre horizon et votre éducation sont autant de facteurs qui influenceront en fin de compte votre profil d'investisseur. Le plus important ici est d'avoir un portefeuille sur mesure qui vous permettra de garder le cap dans les bons comme les moins bons marchés. J'en ai parlé au tout début de ce livre : « Émotion = douleur » lorsqu'il s'agit de parler d'investissement. Si votre portefeuille vous fait sortir de votre zone de confort et vous rend émotif, vous allez forcément déraper. Que vous soyez responsable de votre propre gestion ou que vous fassiez appel à un conseiller en placement, vous devez toujours rester dans votre zone de confort en ce qui concerne le niveau de risque de votre portefeuille.

GESTION ACTIVE ET PASSIVE / ESSAYER D'AVOIR RAISON OU ESSAYER DE NE PAS AVOIR TORT

À mon avis, il existe deux sortes d'investisseurs : ceux qui essaient d'avoir raison et ceux qui essaient de ne pas avoir tort. Vous pourriez penser qu'il s'agit de la même chose, mais cela ne pourrait pas être plus éloigné de la vérité. L'investisseur qui essaie d'avoir raison veut créer de l'alpha (en bref, il veut créer de la plus-value) tandis que celui qui essaie de ne pas se tromper est satisfait du résultat. Il y a une raison pourquoi les investissements indiciels connaissent un tel regain de popularité depuis un certain nombre d'années. Créer de l'alpha n'est pas facile, cela demande de l'expertise, du travail et de la discipline. En bref, ce n'est pas pour tout le monde. Si vous me dites que vous voulez gérer vos propres investissements, que vous n'avez ni les connaissances, ni le temps, ni l'intérêt pour le faire et que vous êtes prêt à vivre avec les caprices du marché, « Soyez les bienvenus » et allez acheter un fonds négocié en bourse (FNB). Ce type de produit est tout indiqué pour vous. Cela dit, si vous êtes un professionnel du secteur, une société de fonds communs de placement ou un fonds spéculatif qui est payé grassement par ses clients parce que vous leur générez de l'alpha et que vous leur achetez un indice boursier (FNB), je ne sais franchement pas comment vous faites pour dormir la nuit.

La réalité est que la gestion active est un art en voie de disparition, à tel point que de nombreux acteurs de l'industrie semblent avoir tout simplement cessé d'essayer. Je pourrais facilement dresser une liste de fonds communs de placement qui vous facturent 1,5 %, voire 2 %, pour générer de l'alpha, mais qui ne détiennent qu'une seule position : le même indice boursier qu'ils sont censés battre (que vous pourriez facilement acheter vous-même pour moins de 0,25 %, soit dit en passant). Vous conviendrez avec moi que leurs chances de succès sont plutôt minces, surtout si l'on tient compte de leurs honoraires. J'ai souvent interrogé des conseillers en investissement qui font de la gestion passive. Ils m'ont confié que leur façon de travailler est plus intelligente car si jamais les marchés baissent, ils auront une bonne excuse pour justifier leurs pertes. ESSAYER DE NE PAS AVOIR TORT.

Est-ce de la paresse ? Les investisseurs ont-ils capitulé et adopté une attitude du type « SI VOUS NE POUVEZ PAS LES BATTRE, REJOIGNEZ-LES »? Je n'en sais rien. Ce que je sais, c'est que :

1. Vous ne sortirez jamais du lot en faisant ce que le reste du peloton fait.
2. Si vous voulez gagner de l'argent, vous devez être proactif, et perdre de l'argent ne devrait jamais être acceptable.

Comme l'a si bien dit Warren Buffett (oui, encore lui), il y a deux règles en matière d'investissement :

1. Ne jamais perdre d'argent
2. Ne jamais oublier la règle n° 1

Comprenez-moi bien, je ne suis pas en train de vous dire que vous ne perdrez jamais d'argent. Le marché boursier passe par des cycles de croissance et de déclin, c'est bien connu. Ce que je dis, c'est qu'il ne faut pas accepter passivement de perdre de l'argent simplement parce que c'est la réalité actuelle du marché. Essayer d'avoir raison, ça veut dire être proactif, se débattre, bref essayer de profiter de n'importe quelle situation.

Oui mais François, ça mange quoi en hiver de la gestion active? La gestion active, c'est un peu comme faire un pool de hockey avec vos amis. Votre travail consiste à choisir les meilleurs joueurs et à laisser les moins bons aux autres. Le succès de votre pool de hockey repose en grande partie sur votre capacité à choisir des joueurs qui dépasseront les attentes tout en évitant tous les Scott Gomez de la ligue. En bref, gérer activement, c'est s'exposer, c'est aller au bat, se mettre la tête sur le billot. En gros, c'est prendre le risque d'avoir l'air fou. Pas étonnant que de moins en moins de gens s'y risquent. Imaginez maintenant que je vous propose, au tout début de votre pool de hockey, l'option de choisir tous les joueurs de la ligue avec la certitude qu'en aucun cas, vous ne gagnerez mais aussi, qu'en aucun cas vous ne terminerez dernier. Le feriez-vous? En d'autres termes, jouez-vous pour gagner (gestion active) ou simplement pour ne pas perdre (gestion passive)?

La gestion active, vous l'aurez deviné, implique également que vous soyez actif. Non, je ne parle pas ici de *day trading*, mais je ne parle pas non plus d'acheter une action et de la conserver pendant les 50 prochaines années. Le temps des intouchables, des « *too big to fail* » est révolu. Vous voulez me faire perdre complètement la tête, essayez de me justifier pourquoi vous avez 70 % de votre compte dans un seul stock sous prétexte que c'est un intouchable.

À tous ces éternels optimistes romantiques, je dis ceci : Nortel Network, Enron, Leeman Brothers, Air Canada, General Motors, WorldCom. Vous n'êtes pas convaincus? SwissAir, Kmart, Washington Mutual, CIT Group, Conseco, Chrysler, Texaco, Lyondell, United Airlines, Delta Airlines, Pacific Gas, CanWest, Quebecor World, Sears, Target, Toys R US et j'en passe. Saviez-vous que plus de 83 pays différents ont fait faillite au cours des 200 dernières années*? Et pas n'importe quels pays! L'Allemagne deux fois, le Japon, l'Angleterre (quatre fois) et oui, même les États-Unis cinq fois plutôt qu'une (la dernière fois en 1933). Y a-t-il encore quelqu'un qui veut me parler d'intouchables? Non, il n'y a plus d'intouchables, ce qui signifie que vous ne pouvez pas acheter un titre de qualité et simplement l'oublier. Connor McDavid pourrait bien être le joueur qui vous fait gagner votre pool cette année, je ne suis pas convaincu qu'il vous fera gagner votre pool dans vingt ans d'ici.

Tous les matins, depuis plus de vingt ans, je conduis une bonne trentaine de minutes dans les embouteillages pour me rendre au travail et je peux fièrement vous dire que je n'ai aucun accident à mon actif. À raison de 30 minutes par jour X 250 jours par an X 20 ans, cela fait 150 000 minutes de conduite sans accident. Mon truc? Je suis attentif à la route, à mon environnement, conscient des risques, des dangers et je reste sur le qui-vive à tout moment. La gestion de portefeuille est exactement la même chose. Je l'ai déjà dit et je le répète, votre travail en tant que gestionnaire de portefeuille actif ne consiste pas à prédire l'avenir, mais à réagir et à vous adapter aux nombreux caprices des marchés. Choisir ce qu'il faut acheter n'est même pas la moitié de la bataille ici, tout comme prendre le volant de ma voiture. Savoir ce que l'on va en faire une fois que l'on a pris sa décision, voilà la vraie bataille. Je ne vais pas vous mentir, c'est beaucoup de travail et c'est certainement beaucoup plus stressant que d'acheter simplement quelque chose et de l'oublier pour les cinquante prochaines années. Je pourrais me contenter de prendre le bus ou le métro tous les matins et m'épargner ce stress et ces soucis, mais je dois admettre que l'alternative présente certains avantages indéniables. Encore une fois, c'est une question de goût et cela ne convient pas à tout le monde. Mais vous devez savoir que la gestion active n'est en aucun cas plus dangereuse que la gestion passive. En fait, je dirais même qu'elle est moins dangereuse. Personnellement, je préfère de loin être aux commandes plutôt qu'être un passager. Quiconque comme moi a déjà fait l'expérience d'une course en taxi à New York en pleine heure de pointe comprend l'analogie.

Vous voulez vous démarquer en tant que gestionnaire de portefeuille? Il n'y a pas de raccourcis. Vous devez comprendre ce que vous achetez, connaître ses forces et ses faiblesses, et garder constamment les yeux sur la route.

CHAPITRE 9

L'IMMOBILIER EN TANT QU'INVESTISSEMENT / OK, MAINTENANT VOUS POUVEZ ME DÉTESTER

Nous y voilà enfin : le chapitre le moins populaire du livre. Pourquoi le moins populaire? Parce que je vais aller à l'encontre de la croyance populaire et contrarier beaucoup de gens. En fin de compte, je m'attends même à ce que de nombreuses personnes choisissent d'ignorer l'ensemble du chapitre, car il est tout simplement plus facile de le faire que d'envisager que je puisse avoir raison.

ALORS VOILÀ :

L'immobilier, dans la grande majorité des cas, <u>n'est pas</u> un investissement, du moins pas un bon.

C'EST FAIT, JE L'AI DIT.... MAINTENANT POUR TOUS CEUX QUI sont encore là, voici l'explication.

Le dictionnaire Larousse définit l'investissement comme une opération qui permet de renouveler et d'**accroître** son capital.

Le Petit Robert, quant à lui, définit un investissement comme une décision par laquelle un individu, une entreprise ou une collectivité affecte ses propres ressources ou des fonds empruntés à l'**accroissement** de son stock d'actifs productifs.

Les deux définitions s'accordent sur une chose et le mot clé est ici accroissement, alors que malheureusement, l'immobilier ne répond pas souvent à ce qualificatif dans la pratique.

INFLATION = 3,60 %.

+

COÛT D'ENTRETIEN + TAXES = 3,0 %.

+

HYPOTHÈQUE = 2,0 %.

RENDEMENT MINIMUM REQUIS = 8,60 %.

Je peux déjà entendre beaucoup d'entre vous dire : « Mais de quoi parlez-vous? Mon père a acheté sa maison en 1950 pour 50 000 $ et il vient de la vendre pour 250 000 $. Ça fait du 500 % de profit, ça! » Ce à quoi je réponds : « Non, sur 70 ans, ça fait 2,33 % par an. » En fait, si la maison ne se vend pas pour au moins 594 501 $, eh bien je suis désolé de vous le dire, mais votre père a perdu de l'argent alors que l'inflation depuis 1950 était de 3,60 % par année. Si je considère également que *l'Association canadienne de l'immeuble* estime que le coût annuel d'entretien d'une maison représente 2 % de sa valeur, que la portion de taxes foncières, elle, représente un autre 1 % et que si votre père avait eu à un moment donné une hypothèque sur la résidence, même à un taux d'intérêt de 2 %, alors votre père aurait dû vendre sa maison pour un minimum de 16 108 599 $ pour même commencer à la considérer comme un investissement.

Toujours pas convaincu? Et bien regardez ceci. Selon les dernières études*, les rendements par classe d'actifs de 1950 à 2016 sont les suivants:

IMMOBILIER	2.43%
INFLATION	3.60%
BONS DU TRÉSOR	5.30%
CPG 5 ANS	6.40%
DEX OBLIGATION LONG TERME	7.60%
PORTEFEUILLE CONSERVATEUR	8.77%
PORTEFEUILLE ÉQUILIBRÉ	9.50%
TSX	9.80%
PORTEFEUILLE CROISSANCE	10.33%
MARCHÉS ÉMERGENTS	10.50%
S&P 500	11.50%

Selon ces données, votre père devra vendre sa maison pour au moins 1,857 million de dollars pour obtenir le même rendement qu'une simple obligation du Trésor, 3,8 millions pour obtenir un rendement équivalent à celui des CPG à 5 ans ou 101 millions de dollars pour obtenir un rendement proche de celui du S&P500 (indice boursier américain). J'espère pour lui que sa maison est située sur un champ de pétrole ou une mine de diamant... Sinon, c'est peine perdue.

IMMOBILIER	$268,455.37
INFLATION	$594,501.40
T-BILLS	$1,857,616.19
CPG 5 ANS	$3,844,890.37
DEX FIXED INCOME LT	$8,430,027.62
PORTEFEUILLE CONSERVATEUR	$17,972,521.08
PORTEFEUILLE ÉQUILIBRÉ	$28,705,052.58
TSX	$34,764,325.88
PORTEFEUILLE DE CROISSANCE	$48,699,362.58
MARCHÉ ÉMERGENT	$54,241,222.08
S&P500	$101,908,573.21

Je sais pertinemment que certains d'entre vous se disent que le rendement moyen de 2,43 % depuis 1950 n'est pas un bon indicateur, alors que la réalité des dernières années a plutôt montré un boom et que certains secteurs sont plus primés que d'autres (Vancouver, Victoria et Toronto par exemple).

TAUX DE RENDEMENT ANNUEL MOYEN DE L'IMMOBILIER CANADIEN PAR RÉGION MÉTROPOLITAINE DE 1980 À 2012	Nominal %	Réel %
CANADA	5.4	2.1
Vancouver	6.4	3.2
Victoria	5.5	3.4
Calgary	4.7	1.2
Edmonton	4.4	1.0
Regina	5.9	2.5
Saskatoon	5.3	2.0
Winnipeg	5.2	1.9
Toronto	6.1	2.7
Ottawa	5.5	2.2
Halifax	5.2	2.0
Saint John	4.1	0.9

Remarque : Le taux de rendement réel de l'immobilier est calculé au moyen de l'IPC d'ensemble pour chaque région métropolitaine.
Sources : L'Association canadienne de l'immeuble, Statistique Canada.

Je veux bien reconnaître que la situation est différente ces derniers temps, mais cela dit, *l'Association canadienne de l'immeuble a récemment publié une étude à cet effet qui illustre bien ce fameux boom.*

Vous conviendrez avec moi qu'un rendement annuel moyen de 2,1 % dans une période aussi favorable n'est pas un argument de vente très impressionnant. Surtout pas lorsque l'on prend en considération qu'il en coûte en moyenne 3 % par année pour maintenir la qualité et, par le fait même, la valeur de votre immobilier ou que dans les faits, très peu de gens n'ont pas d'hypothèque. Même si les trois dernières décennies avaient effectivement offert des rendements extraordinaires, quelqu'un croit-il sincèrement que l'immobilier peut maintenir une telle tendance pendant un autre demi-siècle? Les Américains ont essayé et regardez comment cela s'est terminé en 2008.

Parlons des Américains! Si vous pensez qu'au sud de la frontière, c'est différent, détrompez-vous. La *National Association of Realtors of the United States* a publié en 2006 le rendement moyen au niveau national depuis 1968 pour une maison de taille moyenne, sans hypothèque (toujours sans tenir compte des frais d'entretien moyens de 2 % par an). Roulement de tambour................. 1 %

Oui, un maigre **1 %**. C'était en 2006, juste <u>avant</u> quatre années de baisse consécutives (2007-2010) qui ont vu le marché immobilier perdre **30 %** de sa valeur en quelques années. Bref, nous n'avons rien à envier à nos voisins du Sud avec nos 2,1 %.

John D. Rockefeller est inévitablement le grand argument de tous les grands défenseurs de l'immobilier. Selon le New York Times, la fortune de John D. Rockefeller s'élève aujourd'hui à 340 milliards de dollars. En comparaison, celle de Bill Gates est de 89 milliards de dollars. Il est vrai que la fortune de Rockefeller est essentiellement liée à l'immobilier. Mais la nuance avec monsieur et madame Tout-le-Monde qui achètent une maison en banlieue avec le garage double et la piscine est que Rockefeller, lui, a acheté un terrain et pas n'importe lequel. Il existe une énorme différence entre acheter une maison avec hypothèque que l'on habite et que l'on doit par conséquent entretenir, et acheter un terrain vacant et le payer cash. Surtout si, ultimement, il y a du pétrole en dessous de ce terrain. C'est peut être bien l'immobilier qui est la fondation de l'empire Rockefeller mais en bout de ligne, c'est le pétrole qui a fait sa fortune.

Je pourrais vous donner autant de statistiques que je veux mais rien pour moi n'explique mieux que le bon sens pourquoi l'immobilier n'est pas un investissement. Les banques utilisent un système appelé les 5 C pour déterminer la solvabilité d'un emprunteur :

1. COLLATÉRAL : La garantie offerte en échange de la dette (valeur immobilière ou tout autre bien personnel)
2. CONDITIONS : Caractéristiques du prêt, notamment la durée, les taux et l'utilisation prévue des fonds
3. CAPITAL : La part du capital propre de l'emprunteur investie dans le projet (*cash down*)
4. CARACTÈRE : Cote de crédit des emprunteurs
5. CAPACITÉ : La capacité de l'emprunteur à rembourser la dette, en tenant compte de son niveau d'endettement réel, de ses revenus et de la stabilité de son emploi.

Imaginez que votre lointain cousin Gary, que vous n'avez pas vu depuis dix ans, frappe à votre porte ce soir et vous demande de lui prêter de l'argent pour lui permettre de réaliser son dernier projet : **Pet Rock**, qui vend des pierres comme alternative aux animaux de compagnie. Le fait que votre cousin n'a pas de revenus (capacité), qu'il n'offre aucune garantie (collatéral), que vous ne croyez pas en son projet (conditions) ou que votre cousin est prêt à risquer votre capital mais uniquement le vôtre (capital) et qu'il a fait faillite trois fois au cours des dix dernières années (caractère) sont autant d'excellentes raisons de lui fermer la porte au nez. Mais pour une banque, la capacité a toujours été, et sera toujours, la plus importante des cinq composantes. Pourquoi ? Tout simplement parce que c'est la plus fiable.

Je suis sûr que certains d'entre vous en ont vécu l'expérience. Comme c'est d'ailleurs arrivé à plusieurs de mes clients. Vous venez de prendre votre retraite et vous vous rendez compte que maintenant que vous êtes à la retraite, vous ne voulez plus pelleter la neige, tondre la pelouse ou passer du temps à vous occuper de la piscine. De plus, il devient évident que la maison était bien trop grande maintenant que les enfants ont quitté le nid. Ce que vous voulez maintenant, c'est profiter de la vie, jouer au golf, au bridge, apprendre à faire des claquettes et voyager dans le monde entier. Et un condo vous semble être l'option parfaite pour tout cela. OK, peut-être que vos voisins n'apprécieront pas beaucoup les claquettes, mais de toute façon, vous avez pris votre décision. Comme vous avez lu mon livre, vous savez que non seulement les dettes et l'effet de levier ne sont pas le diable en personne, mais surtout que l'immobilier, qu'il s'agisse d'une maison ou d'un condo, est un mauvais investissement. Vous appelez donc votre banquier pour lui demander un prêt hypothécaire pour ce tout nouveau condo. Le banquier prépare son dossier comme suit :

- **Collatéral** : Le condo d'une valeur de 800 000 $ OUI

- **Condition** : prêt standard 75 % des fonds propres   OUI

- **Capital** : mise de fonds de 200 000 $ + 10 000 000 $ d'actifs   OUI

- **Caractère** : dossier de crédit impeccable   OUI

- **Capacité** : revenu officiel de 14 000 $/an   NON

Obtenir du crédit n'était autrefois qu'une formalité pour vous, mais pour la première fois de votre vie, votre financement est refusé. Pourquoi? Vous n'avez plus assez de revenus. Comment ça, plus de revenus? François, j'ai un portefeuille de 10 millions de dollars et tu me génères 10 % de rendement par an en moyenne, soit un million par an, de quoi payer toute l'hypothèque chaque année, bon sang. Je comprends cela, et je suis d'accord avec vous, mais ce n'est pas la façon dont la banque voit les choses. Vous voyez, cette banque ne possède aucune garantie que vous ne sortirez pas vos 10 millions demain pour les dépenser en chewing-gum. Je suis d'accord pour dire que ce serait beaucoup de chewing-gum, mais en fin de compte, vous comprenez leurs préoccupations. Sans capacité, il n'est pas possible de résoudre le problème, même avec toutes les autres conditions respectées. Seule la capacité fournit une certaine constance, ce qui en fait l'élément le plus important lorsqu'une banque analyse votre dossier de crédit.

Vous vous demandez probablement où je veux en venir avec mes 5 C et comment tout cela se rapporte à l'immobilier. Eh bien, j'y arrive. Nous avons déjà établi que votre capacité est le principal critère lorsqu'il s'agit d'emprunter de l'argent. Ce que je ne vous ai pas encore dit, c'est qu'étant donné qu'historiquement, l'augmentation des salaires moyens suit à peine l'inflation, il est peu probable que votre capacité augmente à un rythme plus rapide que l'inflation. Si votre capacité est votre pouvoir d'achat et que votre pouvoir d'achat suit l'inflation, alors les prix de l'immobilier doivent également suivre l'inflation d'aussi près que possible. C'est la loi de l'offre et de la demande et c'est ce qui explique pourquoi le taux de rendement historique de l'immobilier est inférieur au taux d'inflation à long terme.

Il est important de mettre un bémol ici, car il ne faut pas généraliser. Il se peut que dans certains cas spécifiques, l'immobilier s'avère être un investissement et parfois même un bon investissement. Il existe parfois d'excellentes <u>opportunités à court terme</u> dans l'immobilier locatif ou si vous avez le talent de flipper des propriétés qui ont grand besoin d'amour. Mais il ne faut pas commettre l'erreur de croire que ces exceptions sont la règle. Pour la personne moyenne qui achète une maison pour y vivre avec sa famille, l'**immobilier <u>n'est pas</u> un investissement, ou du moins pas un bon.**

Finalement, je veux bien me faire comprendre ici, je ne vous dis pas de ne pas acheter une maison. J'ai une maison. Avoir une maison répond à plusieurs des besoins fondamentaux de la pyramide de Maslow.

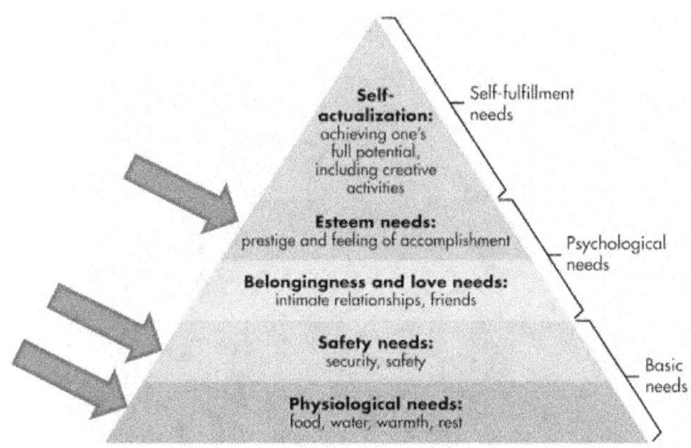

Nous devrions simplement appeler une pomme une pomme et nous rendre compte que l'immobilier n'est pas un investissement mais une forme d'épargne forcée, ce qui, au final, n'est pas du tout une mauvaise chose car, soyons honnêtes, sans hypothèque, de nombreuses personnes n'auraient jamais rien épargné.

PS : PET ROCK EST UNE VRAIE ENTREPRISE. EN 1975, GARY Dahl, un agent de marketing de Los Gatos, en Californie, était dans un bar un soir, écoutant des amis se plaindre de leurs animaux de compagnie. Il plaisante en disant qu'il préférerait avoir un rocher comme animal de compagnie. Il a alors décidé d'écrire un manuel de dressage officiel de 32 pages et a commencé à vendre des roches comme animaux de compagnie. Ils étaient emballés dans des boîtes avec des trous d'aération, une laisse pour faire prendre des marches à votre roche et des petits lits de paille pour s'allonger. L'engouement n'a duré que six mois, mais Gary Dahl s'était alors enrichi de 15 millions de dollars. La leçon est que parfois il est payant de prendre les blagues au sérieux. Depuis 2012, les roches pour animaux de compagnie sont à nouveau disponibles.

PPS : peut-être que malgré tout vous auriez dû investir dans l'idée de votre cousin Gary après tout. (LOL)

CHAPITRE 10

C'EST UN MONDE FOU DANS LEQUEL NOUS VIVONS / QUAND L'ABSURDE COMMENCE À AVOIR DU SENS

Par définition, l'éclatement d'une bulle financière se caractérise par une baisse du marché de deux fois son écart-type (maintenant, vous savez ce qu'est un écart-type, comme c'est pratique!). En théorie, ce type de comportement devrait se produire une fois tous les 44 ans. En réalité, depuis 1925, nous pouvons compter plus de 30 bulles financières, ce qui équivaut à une bulle tous les trois ans. Vous êtes libre d'interpréter ces informations comme bon vous semble.

-Vous pouvez adopter l'approche hyper optimiste (ou hyper naïve) et dire que nous avons maintenant plusieurs bulles en banque et que nous sommes prêts pour 1 320 ans (44 ans X 30 bulles = 1 320 ans) de croissance stable sans aucune bulle.

Ou

-Vous pouvez me rejoindre dans la catégorie des personnes logiques qui ont compris que la théorie vaut ce qu'elle vaut et que la réalité est toute autre.

Lorsqu'un krash se produit, nous apprenons beaucoup à court terme, un peu moins à moyen terme et pas du tout à long terme. Comment cela se fait-il? Parce que la mémoire est une faculté qui oublie. C'est inévitable, chaque fois que les marchés montent, les investisseurs pensent que ça va monter pour toujours et chaque fois que les marchés baissent, que c'est un puits sans fond. Ironiquement, peu après l'éclatement d'une bulle, la raison de cette correction devient toujours évidente. Inévitablement vient ensuite la question : « Comment avons-nous pu être aussi naïfs alors que les signes étaient si évidents? » C'est ce qui s'est passé en 2008 et en 2000, tout comme lors des autres bulles précédentes. Pire encore, cela se reproduira également dans des prochaines bulles. Car même si l'éclatement d'une bulle nous donne temporairement une certaine lucidité, cette lucidité semble s'évaporer avec le retour des rendements positifs. En d'autres termes, nous devenons trop occupés à faire de l'argent pour nous méfier de quelque chose que nous savons pourtant tous : le marché fonctionne par cycles et tout ce qui monte finit par redescendre. J'ai toujours trouvé très amusante la courbe théorique des cycles économiques qui ressemblent à la lettre S de côté :

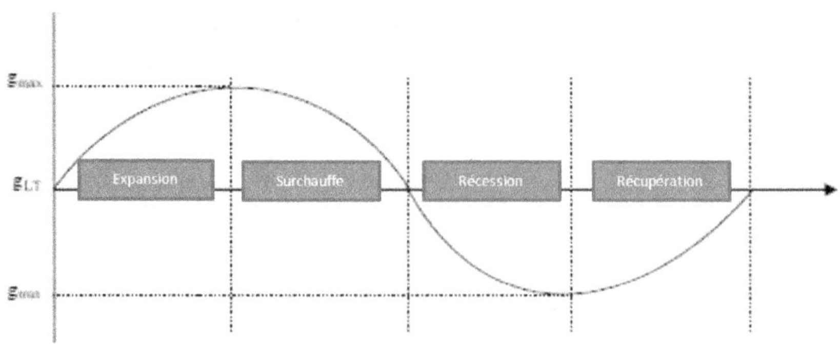

Amusante parce que j'ai fait l'exercice pour satisfaire ma curiosité et comparer cette courbe avec celle des marchés au cours de l'histoire, et je n'ai pas réussi à trouver une seule période qui était proche de cette dernière. D'après votre expérience personnelle, vous souvenez-vous d'une période où, après X nombre d'années de croissance stable, les marchés ont simplement et tranquillement commencé à décliner lentement et de manière prévisible? Non, en fait, la courbe réelle du marché ressemble beaucoup plus à la lettre Z de côté. Avec la forme Z, le marché monte pendant un certain temps à différentes hauteurs, mais se retourne généralement de manière brutale non stable et non prévisible.

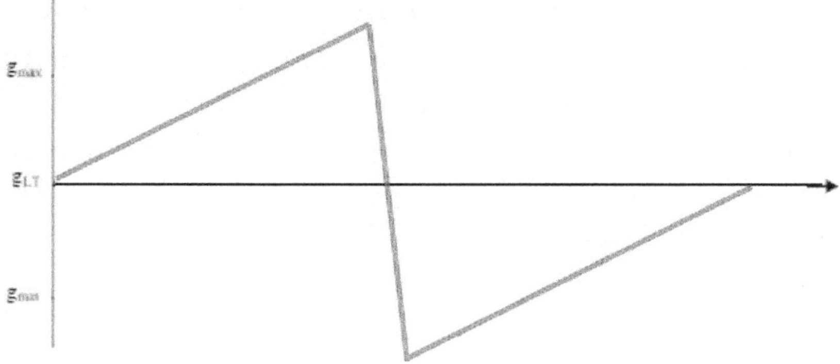

Mais les choses deviennent particulièrement intéressantes lorsque vous combinez les deux courbes. Faites l'exercice et dessinez en noir votre courbe latérale S sur une feuille de papier, puis ajoutez par-dessus votre courbe latérale Z en rouge. La courbe S traditionnelle (en noir) représente ce que les marchés devraient faire et la courbe réelle (en rouge) représente ce que les marchés font réellement. Il devient alors clair que les marchés ne font pas toujours ce qu'ils sont censés faire (ce qui n'est pas une grande surprise, j'en conviens);

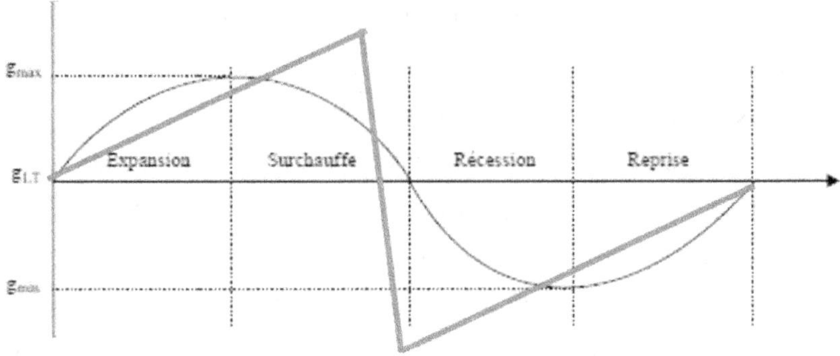

Vous remarquerez que, bien que les deux lignes ne soient en aucun cas identiques, elles se croisent de temps en temps. Lorsque cela se produit, on peut dire que le marché théorique est en phase avec le marché réel. Mais comme vous pouvez le voir, cela ne se produit pas très souvent. Si vous commencez au début de la phase de croissance, lorsque le marché commence à grimper jusqu'au point où la ligne noire et la ligne rouge se croisent, j'appellerais cette phase la phase de croissance justifiable.

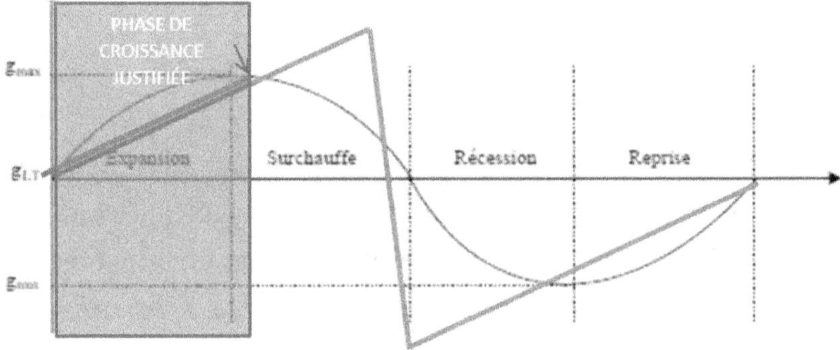

Cependant, de ce point de passage à la toute fin de votre courbe rouge d'ascension, vous êtes dans la période de croissance irrationnelle. C'est durant cette période que se produit la fameuse évaporation de la lucidité dont j'ai parlé plus haut. C'est pendant cette phase que l'on devient tellement obsédé par le fait de gagner toujours plus d'argent que l'on oublie tout sens de la prudence. C'est la phase « Ce qui monte, monte pour toujours » bien que clairement, à ce stade, la croissance n'est déjà plus justifiée.

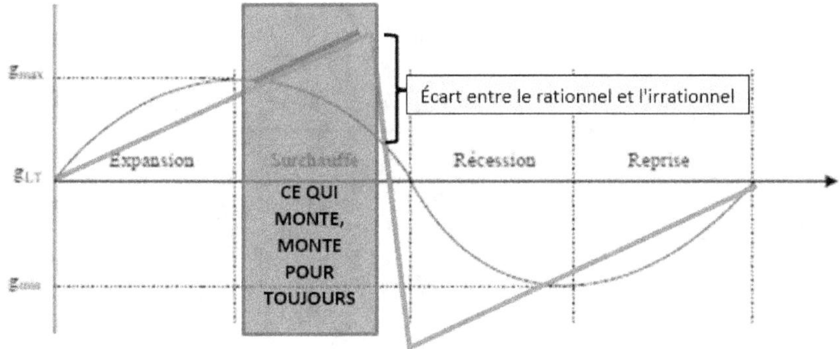

La phase suivante est celle où les marchés finissent inévitablement par changer de direction et où la courbe réelle (courbe rouge) chute depuis le niveau très élevé qu'elle a atteint jusqu'au prochain point de croisement avec la courbe théorique (la courbe noire); en d'autres termes, les marchés reviennent à la réalité.

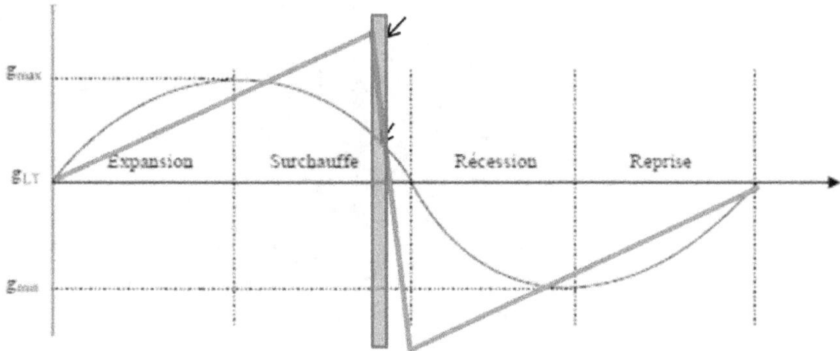

Cette phase est bien sûr suivie d'une autre au cours de laquelle la chute des marchés prend des proportions exagérées. Nous sommes dans la phase pessimiste de « Ce qui descend, descend pour toujours » et le marché finit par perdre beaucoup plus que ce qui est justifié.

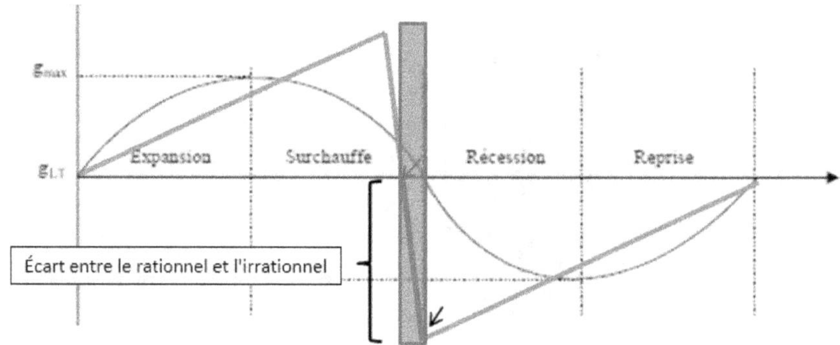

Enfin, c'est la dernière phase, celle de la reprise, lorsque les marchés se redressent et reviennent à des niveaux plus justifiables. Avant de recommencer encore une fois à en faire trop et de reprendre le cyle encore et encore.

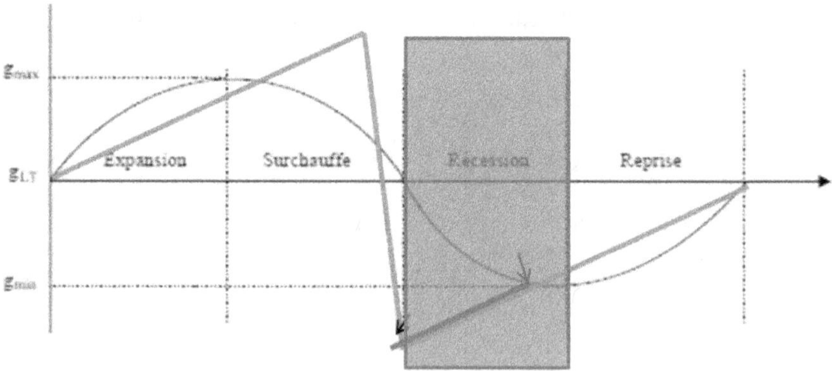

En bref, le marché souffre d'un trouble de la personnalité bipolaire et schizophrénique. Tantôt il se comporte de manière rationnelle (en bleu), tantôt de manière complètement irrationnelle (en rouge).

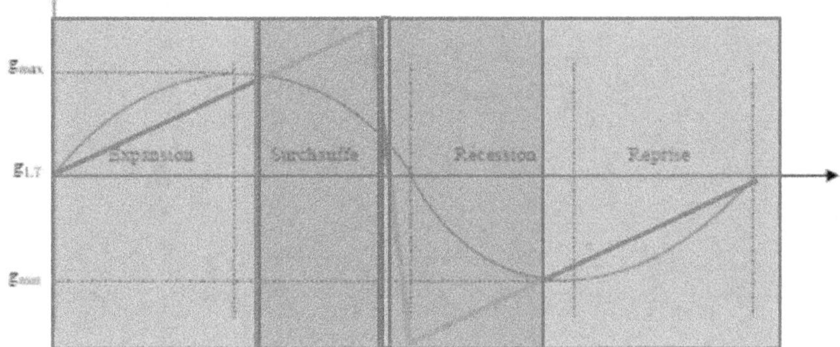

Bien que ce phénomène ait toujours existé, il est facile de constater qu'au cours des vingt dernières années, le phénomène s'est amplifié, alors qu'en fait la période irrationnelle du cycle semble être plus courte de 1940 à 1999 que celle que nous connaissons depuis 2000.

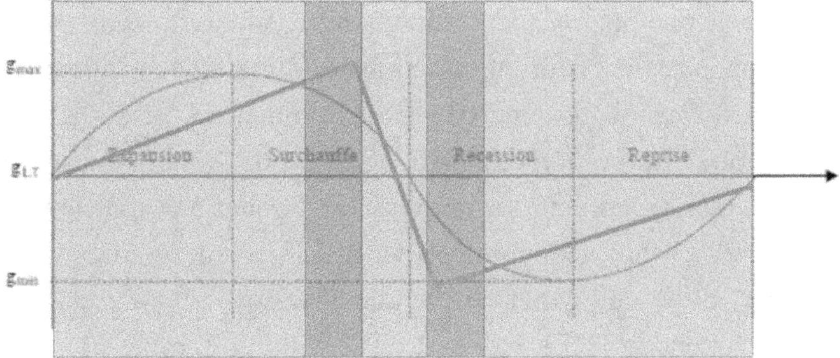

Ceci explique probablement en partie pourquoi nous venons de vivre les deux pires cycles consécutifs de l'histoire : -50 % pour le cycle 2000 suivi de -56 % en 2007.

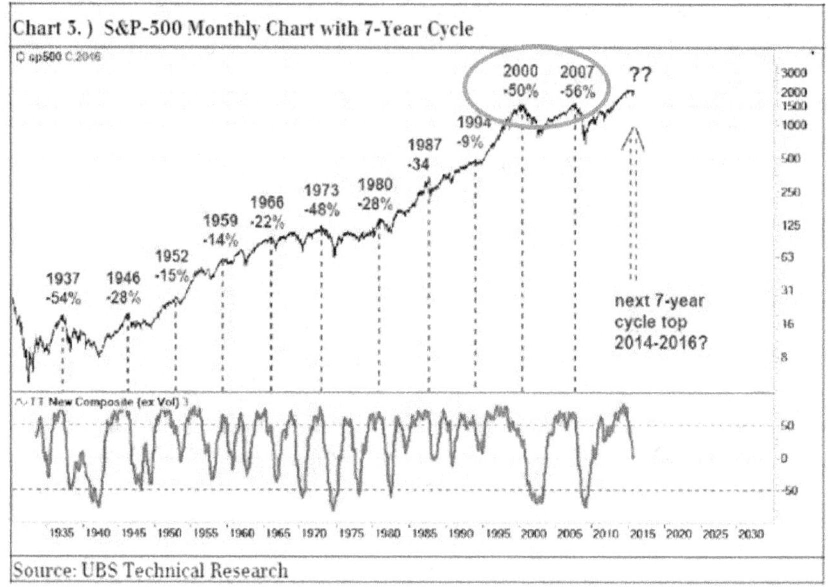

Est-ce que ces cycles représentent une simple erreur de parcours ou une nouvelle réalité? Personnellement, je crois que c'est la seconde. Les marchés ont beaucoup évolué depuis l'époque où il n'y avait qu'une poignée de gestionnaires (354 courtiers agréés en 1864) qui plaçaient leurs transactions à la main et en suivant le bon vieux *ticker tape*. En 2022, nous sommes à l'ère de la technologie où l'information circule à la vitesse de la lumière (littéralement), où chacun peut s'improviser gestionnaire et transiger en temps réel à l'aide de son téléphone intelligent; à l'ère des *robo-advisors*, de l'intelligence artificielle (Watson) et du *trading* à haute fréquence (THF). Ce sont aussi, à mon humble avis, ces fameux THF qui sont le plus à blâmer pour notre nouvelle réalité.

Que représente un THF, vous demanderez-vous? En gros, c'est un super ordinateur qui exécute des transactions financières à grande vitesse (1 microseconde) contrôlé par des algorithmes informatiques qui gèrent tellement de données boursières qu'il serait impossible à 100 000 humains de les analyser en temps réel. Un système THF effectue en moyenne 800 000 transactions par seconde, ce qui signifie, à titre de comparaison, qu'il faudrait 10 minutes et 20 secondes à un seul système THF pour reproduire l'ensemble des 496 millions de transactions qui ont eu lieu sur tous les marchés mondiaux pendant toute l'année 1950.

En 2000, le THF représentait 10 % de toutes les transactions sur actions. En 2009, le THF représentait plus de 73 % de toutes les transactions sur le marché*. Coïncidence?

Quand on y pense, il est parfaitement logique que les marchés deviennent de plus en plus irrationnels si de plus en plus d'actions du marché sont dictées par des machines incapables de mesurer l'impondérable. Ces machines n'ont peut-être pas créé ces périodes irrationnelles car elles ont toujours fait partie du tableau, mais elles ont certainement contribué à en amplifier les effets.

Alors, qu'est-ce que cela signifie pour nous, investisseurs ordinaires? Cela signifie que vous devez être très **prudent** lorsque les choses vont bien et **audacieux lorsqu'il** semble que le soleil ne se lèvera plus jamais. Cela fait un moment que nous ne nous sommes pas régalés d'une de ces fameuses citations de Warren Buffett, alors en voici une autre : « Soyez craintifs quand les autres sont avides, et avides quand les autres sont craintifs. »

Si Dieu lui-même était un de mes bons amis sur Facebook et qu'il me prévenait à l'avance du moment exact où les marchés se retourneraient, ma vie serait extraordinaire. Je profiterais de chaque hausse, en pressant la dernière goutte du citron jusqu'à la toute dernière seconde et je me retirerais juste avant la baisse. Mais comme Dieu ne fait pas partie de mes amis Facebook, je dois prendre sur moi la responsabilité de trouver le point de sortie. Vous conviendrez avec moi que trouver le point ultime est tout simplement impossible et c'est pourquoi tout point de sortie qui se rapproche du sommet serait plus qu'acceptable.

Certaines personnes pourraient choisir de se retirer du marché au moment où la croissance devient inexplicable (point 1). Cette stratégie a beaucoup de sens sur le papier! Le problème est que dans notre nouvelle réalité, la période entre ce point et le sommet ultime (point 2) peut être extrêmement longue. Un, deux, trois, quatre et voire même parfois cinq ans. Cette stratégie peut donc vous conduire à laisser beaucoup d'argent sur la table. Non, que vous le vouliez ou non, vous n'avez pas le choix à partir d'un certain moment de naviguer dans des eaux plus dangereuses où la **prudence sera de mise**. Un bon conseil : votre niveau de prudence devra augmenter proportionnellement à la croissance de moins en moins justifiable des marchés.

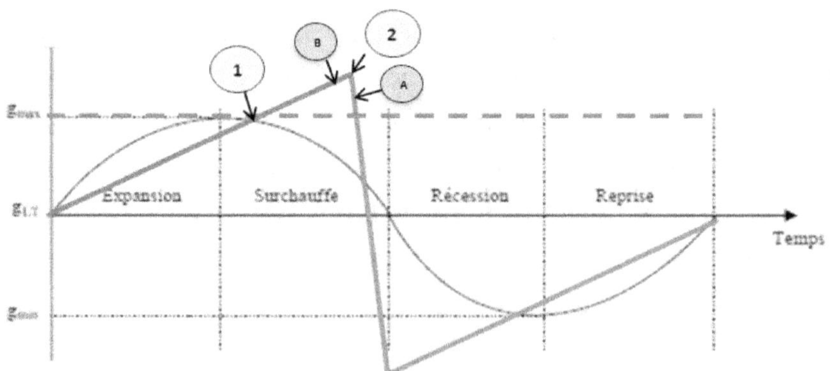

Dans la même veine, si Dieu m'envoie un SMS la veille du jour où les marchés commencent à se redresser (point 4), j'irais *all-in* au plus bas, juste avant le tout premier jour de la reprise. Mais malheureusement, ça ne marche pas comme ça. Tout comme à la hausse, les marchés atteindront un certain point où la baisse ne sera plus justifiée, et c'est à ce moment-là qu'il faut commencer à être **audacieux.**

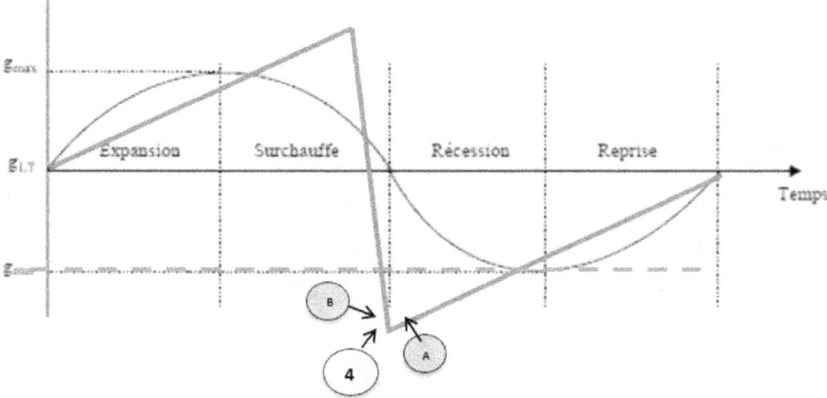

Voici la bonne nouvelle : votre succès en tant que gestionnaire de portefeuille ne dépend pas de votre capacité à atteindre exactement les bons points de sortie ou le point d'entrée parfait. En fait, si vous êtes bon (pas excellent, juste bon) la moitié du temps, vous êtes parmi les meilleurs des meilleurs. Vous voyez, si vous êtes capable d'assumer seulement 50 % des baisses du marché tout en capitalisant sur seulement 75 % des hausses du marché, eh bien félicitations, vous avez battu le marché par 152 % depuis 1929.

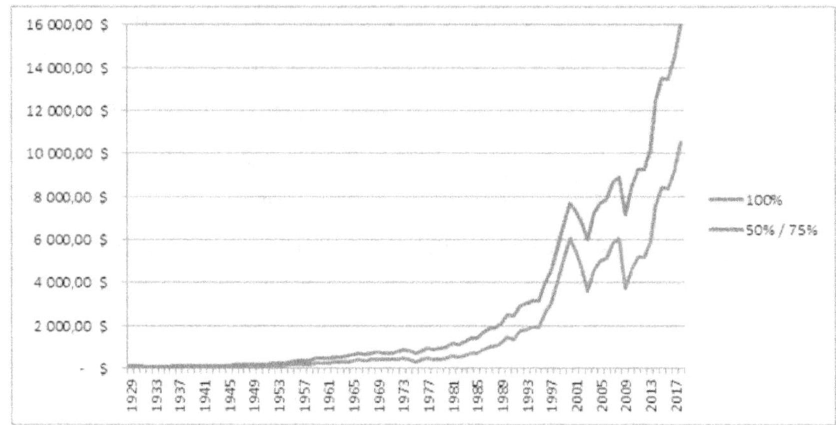

Mieux encore, si vous avez le don extraordinaire d'être capable de prévenir les baisses de marché et d'éviter 100 % des baisses en ne profitant que de 75 % des hausses, vous venez de battre le S&P500 de 1435 %. Même Buffett serait jaloux de vous.

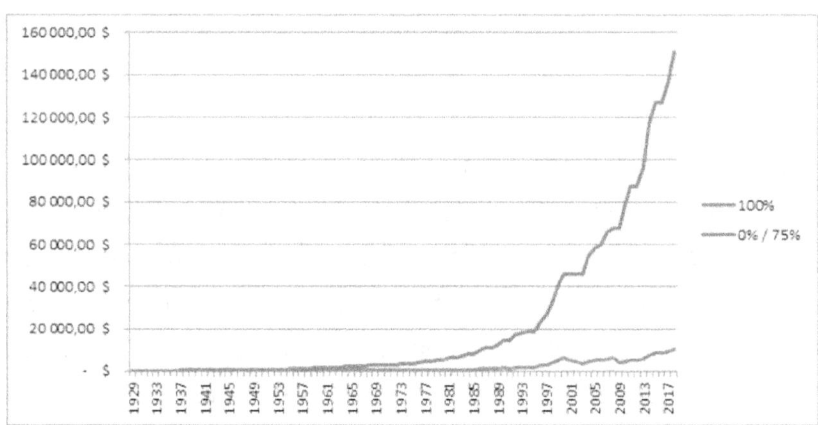

Ce sera mon dernier point sur le sujet et, sans l'ombre d'un doute, le plus important de tout le chapitre : **la prudence vaut beaucoup plus que l'audace**. C'est dans les baisses que les fortunes se créent, pas dans les croissances.

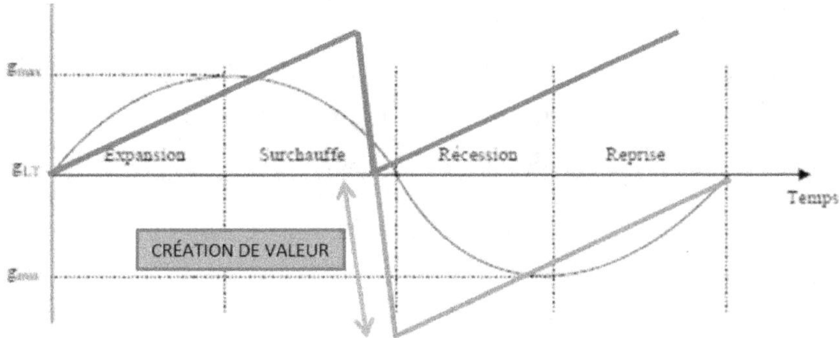

C'est en effet en captant les plus petites chutes possibles que vous réussirez à vous démarquer. Si vous avez 100 $ et perdez 50 %, vous devrez maintenant faire un gain de 100 % pour revenir à votre point de départ (50 $ X 50 % ne vous ramènent qu'à 75 $, n'est-ce pas?). L'investisseur qui a simplement perdu 10 % de son portefeuille n'a besoin que de 11% pour obtenir le même résultat.

Je vais même vous le prouver. Vous vous souvenez de 2008?

Je peux vous dire que beaucoup d'investisseurs s'en souviennent. Vous voyez, en 2008, le marché a baissé de 50 %. Je vous l'ai déjà dit, le marché suit un cycle, ce qui signifie que ce qui baisse finit par remonter. Le marché a fini par remonter. Cela a pris dix ans, mais c'est arrivé. Supposons, à titre d'exemple, que votre portefeuille n'ait baissé que de 10 % en 2008 (et oui, c'est possible, j'en suis la preuve vivante). Pour chaque billet de 100 $ dans votre portefeuille en 2008, vous vous retrouvez avec 90 $ en 2009 (100 $ - 10 %). Mais comme le marché a remonté de 100 % au cours des neuf années suivantes, vous finissez par avoir 180 $ pour chaque billet de 100 $ que vous aviez initialement dans votre portefeuille (90 $ X 200 %). Félicitations, vous avez fait +80 % alors que le marché tout entier a fait un beau gros +0 %. J'espère que vous réalisez ici que la seule différence entre les investisseurs qui ont fait 0 % et +80 % est liée à une seule chose. La part de la perte que vous avez prise pendant la chute. Je ne le dirai jamais assez : c'est dans la baisse que vous vous distinguerez, jamais dans la hausse.

J'ai toujours dit à mes clients que j'avais deux emplois :

1. Protéger leur capital
2. Générer du rendement.

Dans cet ordre précis, la protection d'abord et le rendement ensuite. Pourquoi? Tout simplement parce que la protection du capital en cas de baisse du marché est le meilleur moyen de m'assurer que mes clients gagnent plus d'argent que tout le monde en fin de compte.

Je vais même pousser la chose plus loin. Si vous ne pouvez pas vous permettre d'avoir un conseiller financier à plein temps et que vous devez choisir entre en avoir un pendant un marché baissier ou sur pendant un marché haussier, sans la moindre hésitation, je vous dirai d'en choisir un pour le marché baissier. C'est là que votre conseiller financier a le plus de valeur ajoutée.

Je sais que certains d'entre vous se demandent pourquoi ils ne vendent pas tout pendant les périodes de baisse du marché, ce qui leur permettrait d'économiser à la fois les pertes du marché et les honoraires du conseiller. Si vous aviez le rendement annuel moyen du S&P500 pour la période 1999-2018, vous auriez gagné 5,92 % par an. Si, au cours de cette période de 5 000 jours de négociation, vous ne manquez que les cinq meilleurs jours, votre rendement annuel passe à 3,51 %. Si vous enlevez les dix meilleurs jours, vous tombez à 2,01 %. Si vous enlevez les vingt meilleurs jours, vous obtenez un rendement annuel moyen de -0,33 %. Pour vous faire comprendre l'impact sur votre portefeuille de ne pas profiter des meilleurs jours, supposons que vous ayez un portefeuille de 1 000 000 $ en 1999 et que vous ne manquiez aucune de ces journées. Votre portefeuille aurait une valeur de 3 159 071 $ en 2018.

Votre portefeuille vaudrait cependant:

- - 2 578 509 $ (580 562 $ de moins) si vous avez manqué le meilleur jour.
- - 1 989 788$ (1 169 283 $ de moins) si vous avez manqué le top 5
- - 1 485 947$ (1 673 124 $ de moins) si vous avez manqué le top 10
- - 936 028 $ (2 223 043 $ de moins) si vous avez manqué le top 20.

Mais voici le hic : 100 % des cinq meilleurs jours, des dix premiers jours et des vingt premiers jours ont eu lieu pendant une baisse de marché. Le coût d'opportunité ici pourrait finir par coûter bien plus que les honoraires de votre conseiller.

CHAPITRE 11

« L'OURS PEUT GAGNER, LE TAUREAU PEUT GAGNER, MAIS LES COCHONS SE FONT TOUJOURS MASSACRER. »

Un Ours (*Bear*) est un investisseur qui a une vision pessimiste des marchés. Un Taureau (*Bull*) est, à l'inverse, un investisseur qui a une vision optimiste du marché. Un Cochon (*Pig*) est une personne qui n'a pas d'opinion sur les marchés et qui suit le troupeau. L'idée derrière ce chapitre est que, quelle que soit votre position, positive ou négative sur les marchés, il est possible d'avoir du succès dans les deux cas. Cela dit, les suiveurs qui écoutent les soi-disant experts, prennent leurs recommandations dans les journaux ou pire, agissent sur les fameux tuyaux qu'ils trouvent sur Internet, se dirigent inévitablement vers l'abattoir. Je semble juger sévèrement les « cochons » mais en fait, je les plains car la réalité est que beaucoup de ces personnes ne méritent pas un tel sort. Et ne vous méprenez pas, ce n'est pas parce que vous avez actuellement un conseiller en investissement que vous n'êtes pas un *Pig*.

Comment ne pas être un cochon ? Il s'agit de s'impliquer dans le processus, de poser des questions et de remettre en question. Le titre de votre gestionnaire est celui de <u>conseiller</u> en placement et non celui de grand manitou, de décideur en chef ou de maître Jedi. Son travail se limite à vous <u>conseiller</u> et à vous <u>éduquer</u>. La prise de décision est **votre** travail. Je comprends que vous n'ayez pas la même expertise que votre conseiller, mais ce n'est pas une raison pour ne pas demander des explications. Dans le doute, rappelez-vous qu'il n'y a pas de questions stupides, que des réponses stupides. Les gens ont tendance à être impressionnés par les diplômes et les soi-disant experts de ce monde. L'expérience de Stanley Milgram en est un bon exemple. Stanley voulait démontrer l'obéissance des gens à une figure d'autorité. Il a demandé à un certain nombre de sujets d'administrer un choc électrique à un supposé candidat chaque fois qu'il ne répondait pas correctement à une question. Le professeur, d'un âge respectable et portant une blouse de laboratoire, a demandé au sujet d'administrer le choc et d'en augmenter la puissance (la puissance allait de légère à extrême, dangereuse et même mortelle). À 75 volts, le prétendu candidat grognait à chaque choc, à 120 volts, il se plaignait verbalement, à 150 volts, il demandait d'arrêter l'expérience en stipulant qu'il avait un problème cardiaque, à 285 volts, il hurlait à l'agonie, après quoi le silence était total. Plus de 80 % des sujets sont allés jusqu'au bout des 285 volts malgré les cris d'agonie et 62 % sont allés jusqu'au bout malgré la machine qui indiquait clairement que cette charge était mortelle. Cette illustration vise simplement à vous montrer comment nous réagissons à une figure d'autorité. Investir, c'est faire le pari du rejet. Une grande partie du succès en matière d'investissement consiste à apprendre à dire NON.

Ne vous méprenez pas, je ne suis pas en train de prêcher contre ma paroisse et vous dire que tous les conseillers sont mauvais. Je dis simplement que puisque c'est votre argent et que vous serez celui qui vivra avec les conséquences de votre succès, vous devriez faire partie du processus.

Appelez-moi cynique si vous voulez, mais personnellement, je n'ai jamais écouté les analystes ou les recommandations des soi-disant experts. Pourquoi? Parce qu'ils ont un agenda et que leur agenda n'est pas nécessairement le vôtre. Il existe de nombreux exemples de cela. Prenons delui de Henry Blodget, de Merrill Lynch, qui, pendant la bulle technologique, publiait aux clients : « Nous pensons que ce titre s'avère être une excellente opportunité » et qui, simultanément, publiait à l'interne, concernant le même investissement : « Je n'ai jamais vu une merde pareille. » Bien sûr, l'analyste qui travaille pour une banque et qui couvre une société cliente de cette même banque va vous donner une recommandation d'achat sur cette société. Je n'ai pas besoin de vous expliquer que la dernière chose que la banque veut est d'offenser son client en recommandant une vente. Quant aux soi-disant experts, croyez-vous sérieusement que le gestionnaire d'un grand fonds qui possède 500 millions d'actions d'une société va vous recommander de la vendre, même s'il pense que c'est vraiment la meilleure chose à faire? Bien sûr que non. Il va vous dire que cette société est la meilleure chose au monde depuis l'invention de la crème glacée et il sera le premier à la vendre quand suffisamment de cochons l'auront achetée. Posez-vous la question suivante : si un manager dit à tout le monde d'acheter une action qui monte de 10 % avant de chuter de 30 % (après que le manager ait pris ses bénéfices, bien sûr), ses patrons vont :

1. Le mettre à pied?
2. Lui offrir un boni de trois millions de dollars?

Poser la question, c'est y répondre.

LES ANALYSTES : C'EST LAO TZU QUI A DIT : « CEUX QUI ONT la connaissance ne font pas de prédictions. Ceux qui font des prédictions n'ont pas la connaissance. » Supposons un instant que les analystes n'ont pas d'agenda caché. Qu'est-ce qui vous fait croire qu'ils ont simplement la capacité de prédire l'avenir? Vous comprenez que leur travail consiste à deviner ce qui va arriver dans le futur à une entreprise donnée, en prenant pour acquis toutes les variables imaginables. Et si je vous disais que les analystes ont été incapables de prédire les quatre derniers krachs boursiers, que leurs prédictions se sont avérées exactes dans seulement 6% des cas sur une période de deux ans et dans seulement 55 % des cas sur une période d'un an. Pile ou face, on ne serait pas loin de la vérité. En 2008, 91 % de toutes les actions ont fait l'objet d'une recommandation d'achat ou mieux, avec une augmentation moyenne attendue de la valeur des actions de 24 %, alors que le marché a baissé de 50 %. Entre 2000 et 2008, les analystes n'ont même pas été capables de deviner correctement la direction du marché (hausse ou baisse) dans quatre des huit années. Vous voulez vous fier à ce groupe de personnes pour vos décisions financières? C'est votre argent, pas le mien. Ne vous méprenez pas, j'ai l'air de malmener les analystes, mais je ne les blâme pas. On leur demande de prédire l'avenir, rien de moins... Un chausson avec ça?

Vous vous demandez peut-être pourquoi nous faisons encore des projections si elles n'ont même pas la valeur du papier sur lequel elles sont imprimées. Je me le demande aussi. En réalité, vous feriez mieux de consacrer votre temps à une étude détaillée de la nature, de la réalité, des défis et de la valeur intrinsèque de la société qui vous intéresse, plutôt que d'essayer de deviner l'avenir ou de perdre votre temps avec ceux qui prétendent en être capables.

La morale de cette histoire : ne soyez pas naïfs! Loin de moi l'idée de suggérer que vous devriez naviguer seul dans cette aventure. Ce que je veux dire, c'est que vous ne devez pas simplement confier les rênes à quelqu'un d'autre et vous détacher complètement du processus.

CHAPITRE 12

IL N'Y A QUE DEUX CERTITUDES DANS LA VIE : LA MORT ET LES IMPÔTS

C'est Benjamin Franklin qui a dit qu'il n'y a que deux certitudes dans la vie : la mort et les impôts. Pourtant, certaines personnes semblent avoir développé une obsession compulsive pour essayer de déjouer l'impôt. Personnellement, si je devais défier l'une de ces deux certitudes, mon choix s'arrêterait certainement sur la mort, mais bon...

Je comprends et ne remets pas en question le désir de payer le moins d'impôts possible, mais il faut savoir que parfois, payer des impôts, c'est une bonne chose. En fait, l'une des premières choses que j'explique à mes nouveaux clients est que mon métier consiste à leur faire payer des impôts, beaucoup d'impôts. En fin de compte, plus mes clients paient d'impôts, plus je leur ait fait gagner d'argent. Je me souviens qu'il y a quelques années, j'ai reçu un appel d'une de mes bonnes clientes. La cliente en question n'était pas contente car elle venait de parler à son comptable et que ce dernier lui avait confirmé qu'elle allait devoir payer 40 000 $ d'impôts cette année.

> - « 40 000 $, François! Tu te rends compte que mon employeur ne me donne même pas ça par année?
> - *Vous avez tout à fait raison, mais c'est normal, nous avons fait 140 000 $ de bénéfices cette année, après tout.*
> - Oui mais tu ne comprends pas, François : j'ai dit 40 000 $!
> - *Ne vous inquiétez pas. J'ai la solution parfaite pour vous! Vous n'avez qu'à nous rendre les 140 000$ de profit et nous nous occuperons de vos impôts.*
> - Euh.... »

La rationalité venait de prendre le dessus. Jusqu'à preuve du contraire, 140 000 $ moins 40 000 $ valent toujours plus que 0 $. J'ai conclu la conversation avec ma cliente en lui disant que non seulement je n'avais aucun remords pour ce que je lui faisais payer en impôts, mais que mon objectif pour l'année suivante était de lui faire payer encore plus d'impôts.

Je ne suis pas en train de vous dire que vous devez délibérément payer le plus d'impôts possible. Au contraire, je suis tout à fait favorable à l'idée de minimiser les impôts lorsque cela est possible, en utilisant tous les outils à notre disposition. Mais en fin de compte, votre facture fiscale ne devrait pas être la source d'erreurs financières.

Permettez-moi de vous donner un autre exemple. Il n'y a pas si longtemps, je rencontre un prospect relativement âgé qui me demande comment je pourrais améliorer son portefeuille s'il m'en donnait le mandat. Au premier coup d'œil, un changement évident s'impose immédiatement. Le client en question détient 80 % de ses actifs dans une seule action. Je dis au client que pour réduire le risque du portefeuille, il serait important de réduire progressivement l'exposition à cette action. Le client me répond qu'il n'en est pas question car la vente de cette action, achetée il y a plus de 50 ans, générerait une imposition importante. Je lui explique poliment le dicton de Franklin sur la mort et les impôts et que, de toute façon, de son vivant ou à son décès, les impôts feront un jour partie de sa réalité. Il ne veut pas l'entendre. À la lumière de ces nouvelles informations, j'établis une nouvelle stratégie pour le client dans laquelle j'explique que nous allons garder l'intégrale de ses actions tout en espérant que la société perde 94 % de sa valeur. Ainsi, de cette façon, il sera maintenant possible de sortir de la position sans avoir à payer d'impôts.... Yeh!!!

L'intéressé était si peu enclin à payer des impôts que je n'ai jamais pu lui faire comprendre les avantages d'une liquidation progressive de sa position afin que ses gains soient répartis sur plusieurs années fiscales.

Ce ne sont là que quelques exemples de cas où notre désir de réduire nos impôts nous fait faire des choses inappropriées. Et il y en a d'autres, beaucoup d'autres. Générer des pertes en capital afin de compenser des gains en capital peut parfois être une erreur. Investir dans le remboursement du capital est souvent une erreur. Même quelque chose d'aussi simple que de cotiser à son

RER peut être une erreur. Ne laissez pas votre aversion pour l'impôt influencer votre jugement, car parfois, payer des impôts est une bonne chose.

CHAPITRE 13

CONSTRUIRE UN PORTEFEUILLE DE LA MÊME MANIÈRE QUE VOUS CONSTRUISEZ UNE ÉQUIPE DE HOCKEY

Vous êtes arrivés jusqu'ici et je pense que pour ce dernier chapitre, je dois vous donner quelque chose de valeur (non pas que le reste ne l'était pas). Quelque chose que je ne partage généralement pas avec tout le monde : la recette de ma sauce secrète.

Je continue de penser que tout le monde devrait avoir un conseiller financier et honnêtement, gérer son propre portefeuille activement n'est pas une mince affaire. Ce n'est certainement pas quelque chose que vous pouvez faire une fois par semaine le samedi matin en 15 minutes, en sirotant un cappuccino sur le coin de la table. Cela dit, je sais que certains d'entre vous veulent le faire eux-mêmes et y prennent même plaisir. Et je respecte cela. Pour les autres qui préfèrent avoir une vie, ce n'est pas une mauvaise chose d'avoir une idée de comment ça se passe.

Ainsi soit-il, je vous enseignerai ma façon de faire. Bien sûr, vous comprenez que ma façon n'est pas la seule et que je ne prétends pas qu'elle soit la meilleure. Qui pourrait le prétendre? Ceci dit, ce que je peux vous dire, c'est que cette méthode s'est avérée très efficace au cours des vingt dernières années et qu'elle remplit toutes les conditions pour éviter tous les pièges dont nous avons parlé jusqu'à présent dans ce livre. Mais avant d'entrer dans les détails de la construction d'un portefeuille, je dois vous donner quatre règles supplémentaires qui vous aideront tout au long de votre parcours :

RÈGLE N°1 : NE PAS ÊTRE OBSÉDÉ PAR LA PERFECTION

La première règle en matière de construction de portefeuille est de ne pas être obsédé par la perfection, car elle n'existe pas. Au contraire, c'est ce qu'il faut éviter. Cela peut paraître étrange, mais je me suis rendu compte au fil de l'année que la plupart des investisseurs pensent que pour gagner de l'argent, ils doivent choisir uniquement des titres qui montent. Comment je le sais, parce qu'après vingt ans et 200 réunions clients par an, il semble que la plupart des gens veulent concentrer la conversation sur les investissements qui ne se sont pas déroulés comme prévu, ou devrais-je dire, qui ne se sont pas encore déroulés comme prévu. Il n'est pas important que l'ensemble du portefeuille fasse +14 % et que sur 50 investissements, 45 soient en hausse. Nous allons parler des cinq qui ne le sont pas. Ce que je vais vous dire peut sembler étrange, mais je ne serais pas à l'aise avec un portefeuille où tout monte en même temps, car cela signifie que tout pourrait aussi baisser en même temps. En réalité, vous pourriez obtenir un rendement très décent avec un portefeuille dont seulement 50 % des actifs sont en hausse. Lorsque vous participez à un tournoi de poker, pour gagner, vous n'avez pas besoin de gagner toutes les mains. En fait, vous pouvez perdre la plupart de vos mains et gagner quand même le tournoi, à condition de gagner gros quand vous gagnez et de perdre peu lorsque vous perdez. Une équipe de hockey de la LNH n'a pas besoin de gagner tous les matchs des séries éliminatoires pour remporter la Coupe Stanley. Si elle parvient à gagner plus de matchs qu'elle n'en perd dans chacune de ses séries 4 de 7, elle finira par remporter le gros trophée. Vous avez besoin à la fois de gagnants et de perdants, car la direction du marché change constamment. Vous comprenez qu'aucun investissement n'est un éternel gagnant. Le gagnant d'aujourd'hui deviendra le perdant de demain et vice versa. C'est pourquoi vous ne voulez pas avoir uniquement des gagnants dans votre portefeuille. Si vous n'avez que des gagnants, vous finirez par n'avoir que des perdants.

RÈGLE N°2 : LENTEMENT MAIS SÛREMENT / LA RÉGULARITÉ EST UN GAGE DE RÉUSSITE

Maintenant que nous avons établi que le fait d'avoir des gagnants et des perdants n'est pas une mauvaise chose, nous allons parler de répartition des gains. La régularité est un facteur important dans la construction d'un portefeuille d'investissement. C'est comme une partie d'échecs, vous devez penser trois coups à l'avance. Bien sûr, votre but ultime est que chaque investissement que vous faites (gagnant ou perdant) finisse par générer une valeur ajoutée. Mais François, tu viens de nous dire qu'avoir des gagnants et des perdants était une bonne chose. Oui, avoir un mélange de gagnants et de perdants est une bonne chose, mais l'idée n'est pas non plus d'avoir des perdants éternels. Je vous l'ai déjà dit, vos perdants finiront par devenir vos gagnants et ils auront eux aussi leur moment de gloire. Je vais revenir à mon équipe de hockey (Désolé ! Je suis canadien et vous nous connaissez, nous les Canadiens et le hockey, HÉ!). Pour gagner mes matchs, je dois marquer plus de buts que je n'en donne (DAH!). Imaginez que chaque joueur de votre alignement marque en moyenne un but tous les cinq matchs et, je ne sais pas par quel miracle, chaque joueur marque toujours dans le même match. Oui, un match sur cinq sera spectaculaire et oui, l'équipe gagnera très probablement ces matchs (18 à quelque chose, sauf bien sûr si vous avez le pire gardien du monde). Mais au bout du compte, l'équipe ne gagnera qu'un match sur cinq. Avec un tel résultat, l'équipe n'atteindra jamais les séries éliminatoires et ne gagnera certainement jamais le championnat. Si vous en voulez la preuve, regardez les Maple Leafs de Toronto (désolé, je n'ai pas pu laisser passer l'occasion de passer un jab à mes nombreux collègues de Toronto!). L'équipe serait-elle meilleure si elle parvenait à répartir ses buts sur les cinq matchs? Avec une moyenne de 3,6 buts par match (18 buts / 5 matchs), l'équipe gagnerait probablement quatre matchs sur cinq et serait tout en haut du classement de la ligue. Il en va de même pour la gestion du portefeuille. Tout ce que je veux, c'est gagner, et franchement, je me fiche de savoir qui marque pour moi aujourd'hui, du moment que quelqu'un le fait. Avez-vous déjà vu un entraîneur de hockey après une victoire dire à un journaliste : « Ouais, celle-là ne compte pas vraiment parce que tous les buts sont venus de mes joueurs de quatrième ligne. » NON! On s'en fout, tant que quelqu'un se présente, c'est bon. La régularité signifie que si vous parvenez à gagner quatre fois sur cinq, vous n'avez pas besoin de gagner gros. Gagner mon match de hockey par une marge d'un but ou par une marge de dix-huit buts ne change rien au fait qu'à la fin, je n'ai qu'un seul +1 dans ma colonne de victoire. Je surveille tous mes investissements chaque jour et mon objectif est de réaliser un rendement positif de +0,1 % quatre jours sur cinq à chaque semaine de l'année. WOW! +0.1 %! François, tu ne vas pas t'enrichir rapidement à ce rythme. Bien au contraire. Il y a 250 jours d'activité par an. Si vous gagnez quatre jours sur cinq, cela signifie que vous gagnerez 200 jours par an (250 / 5 X 4 = 200) à 0,1 % par jour, soit +20 % par an. En fait, avec l'effet cumulatif, c'est +28,26 % par an. Rappelez-vous ma super formule (72 / votre rendement = nombre d'années nécessaires pour doubler votre portefeuille). À ce rythme, vous doubleriez votre actif tous les 2,55 ans (72 / 28,26 = 2,55 ans). La constance, c'est gagner petit mais gagner souvent. C'est tout ce que vous devez faire pour réussir.

RÈGLE N°3 : NE PAS VISER LA CLÔTURE DU CHAMP CENTRE

Ok, GO pour l'approche « lentement mais sûrement ». Mais comment? C'est très simple. Ne pas viser la clôture du champ centre. Assez d'analogie de hockey pour le moment, place au baseball. Au baseball, vos dix meilleurs frappeurs de coups de circuit atteindront une moyenne de 42 coups de circuits par an et produiront 100 points, mais ils se feront retirer au bâton en moyenne 170 fois par an. Vos meilleurs frappeurs d'un coup sûr produiront 140 points et se feront retirer 100 fois par an. Viser la clôture peut parfois rapporter gros, mais s'accompagne aussi de plus d'échecs. Afin de réaliser la régularité, vous ne pouvez pas opter pour ces investissements de type coups de circuit. Oubliez ces « investissements de billets de loterie » et concentrez-vous sur ces paris sûrs et faciles. Je suis un investisseur de style valeur. J'achète des actions qui sont escomptées et qui m'offrent un minimum de 12 %, mais je vise généralement un rendement de 24 %. Aucun de ces investissements spéculatifs à 600 % de rendement potentiel. Chaque année, il y a de grands gagnants et de grands perdants. J'ai dressé une liste des 50 plus grands gagnants et des 50 plus grands perdants de ces dix dernières années. Cela peut ne pas sembler impressionnant si je vous dis que sur ces 500 grands gagnants (50 gagnants X 10 ans = 500), je n'en ai acheté que quatre (soit une moyenne au bâton de 0,008). Ceci dit, sur ces 500 gros perdants, je n'en ai également acheté qu'un seul (maudit soit Chicago Bridge and Iron (CBI)!). Cela ne m'a pas empêché de battre le marché par une très large marge (plus du double en fait) sur la même période. Qui a besoin de frappeurs de coups de circuit, quand tout le reste de l'alignement se rend toujours sur les buts?

RÈGLE N° 4 : ÊTRE INTELLIGENT, PAS AVIDE

Vous vous souvenez que je vous ai dit d'investir dans un but précis? Eh bien, autant c'est vrai pour un seul investissement, autant c'est vrai pour l'ensemble de votre portefeuille. En matière d'investissement, je crois fermement en une approche basée sur les objectifs plutôt que sur le rendement. Faire 8 %, 10 % ou même 20 % ne signifie rien. Atteindre vos objectifs de vie, c'est ça l'objectif ultime. Les rendements ne sont qu'un moyen utilisé pour arriver à vos fins.

Laissez-moi vous raconter une histoire. Au tout début de ma carrière, j'ai eu la chance de travailler dans un bureau rempli de conseillers vedettes. Les gens ne le savent pas, mais réussir en tant que conseiller financier n'est pas une mince affaire. En fait, le taux de réussite des recrues dans le domaine tourne autour du 4 %. Alors je me suis dit que si je voulais faire partie de ce 4 %, autant apprendre de celui qui l'a fait avant moi. Je me suis donc présenté à tous les conseillers de mon bureau et même à ceux du bureau du centre-ville et je les ai tous invités à dîner, à mes frais bien sûr. Curieux, mes nouveaux collègues se demandaient tous pourquoi la nouvelle recrue sans client et, par le fait même sans salaire, voulait leur payer à dîner. Ma réponse était toujours la même :

« Vous voyez, je suis le genre de gars qui apprend de ses erreurs mais, dans ce business, je n'ai pas le luxe de faire autant d'erreurs. Vous avez manifestement bien fait, sinon vous ne seriez pas assis aujourd'hui dans ce grand bureau. Voilà le deal : je veux apprendre de vos erreurs pour pouvoir les éviter et je veux apprendre vos meilleurs coups pour pouvoir les dupliquer. Pour moi, cela vaut au moins le prix d'un dîner. »

Ils ont tous accepté et j'ai pu en tirer tellement de bénéfices. C'est sans aucun doute le meilleur investissement que j'aie jamais fait. Alors que j'étais dans le bureau de l'un de ces conseillers, j'ai remarqué qu'il avait facilement 100 cadres photos sur son mur et je me suis dit que ce type était vraiment passionné par sa famille. Mais après un examen plus approfondi, j'ai remarqué que ces photos ne pouvaient pas représenter que des membres de sa famille. Il s'agissait plutôt d'une collection de personnes complétement aléatoire. Intrigué, je lui ai demandé ce qu'il en était des cadres photos et, le plus naturellement possible, il m'a répondu que c'était ses diplômes. Vos quoi? Il m'a ensuite expliqué qu'à chaque fois qu'il rencontre un nouveau client, il lui demande quel est son objectif. Vous voyez, les gens n'investissent pas pour faire de l'argent, ils investissent pour prendre leur retraite, pour voyager le monde, pour financer l'université de leurs enfants, pour acheter un voilier de 40 pieds, pour acheter un abonnement de golf ou pour posséder une Aston Martin. Chaque fois que l'un de ses clients atteint l'objectif souhaité, le conseiller lui demande une photo qu'il ajoute ensuite au mur. Il n'avait pas besoin de diplôme pour se donner de la crédibilité, il avait des centaines de preuves de son efficacité sur le mur derrière lui. Ce type m'a tout simplement époustouflé. Ce type a complètement changé ma façon de voir ce travail. Investir avec un but, c'est ça que signifie être intelligent et non cupide.

Très souvent, lorsque je révise un plan financier avec un client, j'en arrive à la conclusion que, puisque le client est très bien placé pour obtenir tous les éléments de sa liste de souhaits, il devrait réduire le risque global de son portefeuille. Presque toujours, le client se demande pourquoi réduire le risque, puisqu'il a ce niveau de risque depuis des années et qu'il s'y sent bien. Je comprends, mais pourquoi prendre la chance. Vous jouez au hockey et vous menez 2-0 avec deux minutes à jouer dans le match. Vous ne retirez pas votre gardien de but pour essayer de marquer un troisième but. Ce serait stupide, ne prenez pas de risque si vous n'en avez pas besoin. La même règle s'applique ici. Quand cela arrive, je donne toujours deux choix à mon client :

1. Soit nous réduisons le niveau de risque du portefeuille
2. Soit il doit trouver d'autres éléments à ajouter à sa liste
   de choses à faire, car nous ne faisons pas de l'argent
   juste pour faire de l'argent.

Tout cela pour dire qu'avant de commencer à construire un portefeuille, vous devez savoir : 1- ce que vous avez pour travailler, 2- quel est l'objectif, 3- quel est l'horizon et 4- quel est le niveau de risque que vous pouvez supporter. Construire un portefeuille sans cela reviendrait à faire un gâteau sans ingrédient, sans recette et sans four. Vous pouvez peut être, par miracle, réussir, mais il est plutôt fort probable que ce sera un gâchis.

CONSTRUCTION D'UN PORTEFEUILLE 101

Une fois que vous avez pris conscience de ce dont vous disposez, de votre objectif, de votre horizon et de votre niveau de risque, vous devez allouer votre capital à la bonne classe d'actifs, en fonction de leur niveau de risque respectif, de leur potentiel de rendement et de la dynamique du marché actuel. Laissez-moi utiliser une autre analogie avec le hockey pour vous démontrer ce que je veux dire.

Un portefeuille est comme une équipe de hockey et vous, en tant que gestionnaire de portefeuille, êtes à la fois le directeur général (DG) et l'entraîneur. En tant que *GM*, votre travail consiste à vous assurer que vous avez le bon joueur dans l'équipe. En tant qu'entraîneur, votre travail consiste à savoir quand utiliser tel ou tel joueur.

Commençons par la défense. Dans une équipe de hockey, la défense est censée vous protéger. C'est la même chose dans votre portefeuille. Il est donc normal que tous vos investissements défensifs, comme les titres à revenu fixe par exemple, se retrouvent sur votre ligne de défense. Dans une équipe de hockey, vous ne voulez pas six défenseurs qui ont tous les mêmes qualités. Vous voulez les mélanger, vous voulez des gars physiques, des gars très défensifs, des gars avec de bonnes passes, un bon sens du hockey ou un gros tir frappé. La même chose s'applique à votre portefeuille à revenu fixe (portefeuille défensif) : vous voulez de la diversité. Vous voulez : des obligations à court terme, des obligations à long terme, des obligations à taux variable, des obligations convertibles, des obligations indexées sur l'inflation, des obligations à haut rendement, des obligations privilégiées, des bons du Trésor, des obligations étrangères. Plus il y en a, mieux c'est. Ce que vous devez savoir, c'est que le fait d'avoir tous ces gars dans votre alignement ne signifie pas qu'ils doivent toujours tous être sur la glace. Le travail du GM est de donner des options à son coach. C'est le travail du coach de savoir qui utiliser quand.

La même logique s'applique à l'attaque, avec les ailiers d'abord. Le travail des ailiers est clair et simple : attaquer et mettre la rondelle dans le filet. Pour votre portefeuille, ce sont vos actions. Je sais que beaucoup de gens n'aiment pas les actions, généralement parce qu'ils ont eu par le passé une mauvaise expérience. Ceci dit, vous avez besoin d'actions, en fait, c'est votre pain et votre beurre. De plus, un portefeuille composé à la fois d'actions et de titres à revenu fixe présente un risque beaucoup plus faible qu'un portefeuille composé d'une seule de ces catégories d'actifs. Je me souviens qu'une fois, un prospect m'a dit :

> *- Je ne veux pas d'actions car quand ça vient aux actions, je suis le gars le plus malchanceux du monde. Chaque fois que j'achète une action, elle se met tout de suite à baisser.*
> *- **Vraiment ?***
> *- Je te le jure, François, et en plus ce n'est pas comme si j'achetais n'importe quoi ici, je n'ai acheté que des produits de qualité qui ont beaucoup augmenté dernièrement. »*

Pouvez-vous deviner pourquoi ce type était l'investisseur d'actions le plus « malchanceux » au monde? Achetez bas et vendez haut, mon ami, et non l'inverse! C'est comme si je vous disais que les voitures sont dangereuses parce que j'ai eu il y a quelques années un très grave accident de voiture qui a failli me coûter la vie. Mais j'oublie de vous dire que j'ai bu huit bières en une heure avant de prendre ma voiture (P.-S. : fictif bien sûr, je ne bois jamais). Le problème ici n'est pas les actions, c'est la façon dont elles ont été utilisées en premier lieu.

J'ai pris sur moi il y a de nombreuses années de construire un portefeuille d'actions qui serait sûr, générerait un grand rendement et serait si confortable que même un client de 95 ans, ou les investisseurs les plus « malchanceux », pourraient le posséder et dormir tranquillement la nuit. Comment? En utilisant six règles simples qui, combinées, m'aident à réduire le risque à son niveau le plus bas, sans affecter négativement les rendements. Je vous ai dit que je partagerais avec vous quelque chose que je ne partage pas habituellement, et c'est le cas. Voici donc mes six règles pour un portefeuille d'actions :

RÈGLE N° 1 : 15 À 20 POSITIONS

La plupart des livres de finance vous diront que pour obtenir une diversification maximale et réduire le risque au strict minimum, vous devez détenir 50 actions. Ce que la plupart des livres de finance oublient de vous dire, c'est qu'une fois que vous avez 15 actions, vous avez déjà atteint une diversification de 95 % et qu'il y a d'autres moyens d'obtenir ce 5 % supplémentaire. Suivre 50 entreprises simultanément est une tâche énorme (plus qu'une seule personne ne pourrait gérer). Quinze à vingt sont gérables.

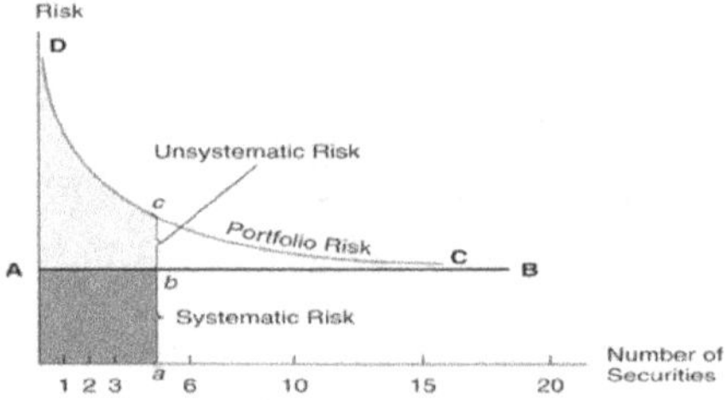

RÈGLE N° 2 : 6 SECTEURS EN TOUT TEMPS

C'est ainsi que nous obtenons cette diversification supplémentaire de 5 %. Vous comprenez que si vous achetez 50 actions, toutes dans le secteur de l'énergie, vous n'avez pas une très grande diversification. Il y a 10 secteurs principaux : santé, finance, énergie, matériaux, industriel, consommation discrétionnaire, télécommunications, consommation de base, services publics et technologie. Choisissez au moins six d'entre eux en fonction de l'état de l'économie et répartissez vos investissements entre eux.

RÈGLE N°3 : LE CANADA ET LES USA

Au Canada, les secteurs de la finance, de l'énergie et des matériaux représentent 72 % de l'ensemble du marché boursier (29 % aux États-Unis). Aux États-Unis, les secteurs de la santé, de la consommation discrétionnaire et de la technologie représentent 54 % de l'ensemble du marché boursier (7 % au Canada). Les deux marchés sont très différents. En répartissant votre investissement entre les deux, vous augmentez grandement vos options de diversification.

RÈGLE N° 4 : VALEUR

Je suis un spécialiste du style valeur. Je trouve les bonnes affaires, je les achète et je les revends une fois qu'elles ont été évaluées correctement. Le style valeur offre beaucoup plus de constance à court et à long terme, et comme mes six règles sont axées sur la réduction du risque, ça devient une évidence.

RÈGLE N°5 : SOCIÉTÉS À DIVIDENDES (90%)

Les sociétés qui paient des dividendes offrent plus de stabilité. Les investisseurs ont tendance à être plus patients avec les actions à dividendes. Historiquement, les sociétés à dividendes capte 97 % des hausses du marché et seulement 50 % des baisses. Cela dit, je me permets d'acheter une ou deux positions qui ne versent pas de dividendes car dans certains secteurs (par exemple, la technologie), les dividendes sont plutôt rares.

RÈGLE N°6 : >3 MILLIARDS DE DOLLARS

Enfin, je n'achète que des sociétés dont la capitalisation boursière est supérieure à trois milliards de dollars. Ces sociétés sont généralement plus stables et fournissent davantage de données dont j'ai besoin pour faire ma sélection.

Vous avez peut-être remarqué que j'ai parlé de ma défense (revenu fixe) et de mes ailiers (équité), mais que je n'ai pas parlé de ma ligne centrale. Si vous avez déjà joué au hockey, vous savez que sur une ligne, le travail du joueur de centre est de soutenir l'attaque en alimentant ses ailiers, mais également de soutenir la défense en étant le troisième défenseur sur la glace.

En d'autres termes, le centre doit être parfois en attaque et parfois en défense. Dans votre portefeuille, c'est exactement ce qu'ils vont faire également. Ils seront la portion de votre portefeuille qui permettra de gérer activement votre portefeuille pour s'adapter à ce qui se passe sur le marché. Laissez-moi vous montrer.

Disons qu'en fonction de votre horizon, de votre objectif et de votre aversion au risque, vous souhaitez construire un portefeuille équilibré qui aura, à tout moment, au moins 40 % de ses actifs en défense et 40 % en attaque. Cela signifie que les 20 % restants seront votre ligne centrale. La première tâche sera de construire votre défense. Choisissez dans votre alignement au moins cinq joueurs qui semblent convenir au marché actuel et donnez-leur du temps de glace en conséquence. Supposons que les taux d'intérêt sont bas, mais que l'on anticipe une hausse du taux directeur et que l'inflation est élevée. Je choisirais des obligations de qualité à court terme et des titres qui bénéficient réellement de ces conditions, comme les obligations à taux variable et les investissements à rendement réel. Ensuite, vous choisirez vos quinze ou vingt ailiers (je sais que c'est beaucoup d'ailiers pour une équipe de hockey) en vous basant sur les six règles dont je vous ai parlé plus tôt. Une fois cela fait, en fonction de l'état du marché, vous complétez votre alignement avec votre ligne centrale. Si le marché est au début du cycle et que tout est rose (l'équivalent d'un jeu de puissance au hockey), mettez plus d'éléments offensifs (plus d'actions, de produits structurées, d'investissements privés, de FNB ...). Si le marché est cher et sur le point de corriger (l'équivalent d'une infériorité numérique au hockey), mettez plus d'éléments défensifs (plus de revenu fixe, de marché monétaire, de produits non cycliques, de l'or...). Votre succès en tant que gestionnaire de portefeuille ne dépend pas de votre capacité à prédire l'avenir, mais de votre capacité à réagir à ce qui se passe. Si votre directeur général vous a donné toutes les bonnes options dans votre équipe, l'entraîneur devrait être capable de vous permettre d'exceller, quelle que soit l'adversité.

Garder en tête que votre première équipe ne sera pas votre meilleure, mais progressivement avec l'expérience, vous viendrez à bout d'ajouter les bons éléments à votre formation et de développer le doigté nécéssaire pour savoir dans quelle situation utiliser quel joueur. Une équipe championne ne se construit pas en un jour; faites preuve de patience.

CONCLUSION

Comme toute bonne chose a une fin et que je pourrais continuer ainsi pendant des pages et des pages, je vais respecter mon engagement initial et m'arrêter ici afin de ne pas vous donner la nausée. J'avais mentionné au tout début que j'allais vous donner une version condensée des meilleurs livres et articles que j'ai lus au cours des vingt dernières années et je pense y avoir réussi. Je suis sûr que vous conviendrez que bien que court, ce livre contient une tonne d'informations. En fait, il renferme tellement d'informations que je me suis senti obligé de vous faire un résumé des 49 conseils dont j'ai parlé. Vous le trouverez dans les pages suivantes.

Ai-je réussi à faire de vous de meilleurs investisseurs? Vous seuls pouvez me le dire. Cependant, une chose est sûre : maintenant que vous êtes conscients de notre prédisposition à l'échec, des pièges les plus courants auxquels vous serez confrontés, du danger de l'émotion dans l'investissement, de l'impact du temps sur votre patrimoine, des notions de risque, des avantages de la gestion active, de la valeur réelle de l'immobilier, de l'irrationalité des marchés, des erreurs que l'obsession des impôts peut générer et des règles de construction de portefeuille 101, vous n'êtes certainement pas plus mal loti que lorsque vous avez ouvert ce livre pour la première fois!

J'espère sincèrement que vous avez eu autant de plaisir à lire mon livre que j'en ai eu à l'écrire et je vous invite à le noter et à me faire part de vos commentaires. C'est la première expérience pour moi, et si une grande majorité d'entre vous m'informe que je devrais m'abstenir de recommencer, je jure que ce sera la dernière. Mais si vous avez apprécié l'expérience, faites-le moi savoir. Vous ferez ma journée et qui sait, je serai peut-être tenté un jour de sortir le volume 2 : **"Investir pour les gens pas si nuls que ça parce qu'ils ont lu mon premier livre : L'investissement dans toute sa simplicité."** OK, je reconnais que ce titre est peut-être un peu trop long, mais j'ai encore le temps de le retravailler.

Merci,

Franck

Laissez un commentaire en 1 seul click!

Leave a 1-Click Review!

Customer Reviews

★★★★★ 2
5.0 out of 5 stars •

5 star		100%
4 star		0%
3 star		0%
2 star		0%
1 star		0%

See all verified purchase reviews •

Share your thoughts with other customers

Write a customer review

I would be incredibly thankful if you could take just 60 seconds to write a brief review on Amazon, even if it's just a few sentences!

>> Click here to leave a quick review

Si vous avez aimé mon livre, je vous serais incroyablement reconnaissant si vous pouviez prendre 60 secondes pour écrire une brève critique sur Amazon, même si ce n'est que quelques phrases !

>> Cliquer ici pour laissez un commentaire

RÉSUMÉ DES 49 MEILLEURES CONSEILS

Conseil n° 1 - N'essayez pas d'avoir toujours raison (faites une liste de pour et de contre sans les pour).

Conseil n° 2 - Trop, c'est comme pas assez (concentrez-vous sur ce qui est vraiment important pour vous).

Conseil n° 3 - Parfois, c'est fini, même si ce n'est pas le cas (oubliez le passé; aujourd'hui, à la lumière de ce que vous savez, feriez-vous cela?)

Conseil n° 4 - Ne laissez pas l'histoire prendre le dessus (si c'est trop beau pour être vrai, ça l'est probablement).

Conseil n° 5 - Ne vous déconcentrez pas (prenez du recul pour retrouver une vue d'ensemble).

Conseil n° 6 - Sachez reconnaître votre chance (ayez un peu d'humilité).

Conseil n° 7 - N'ayez pas une trop haute opinion de vous-même (l'excès de confiance coûte cher).

Conseil n° 8 - Soyez patient (la Bourse est un outil permettant de transférer l'argent des impatients aux patients).

Conseil n° 9 - Ayez votre propre opinion indépendante (vous ne vous distinguerez jamais en faisant comme tout le monde).

Conseil n° 10 - Laissez l'émotion derrière vous (l'émotion est le cancer de votre portefeuille).

Conseil n° 11 - Achetez bas, vendez haut.

Conseil n° 12 - Investissez dans un but précis (ayez un objectif et respectez-le).

Conseil n° 13 - Sachez quand les conserver, sachez quand les vendre (la vente est la chose la plus difficile que vous devrez apprendre à faire).

Conseil n° 14 - Protégez-vous de vous-même (supprimez les émotions inutiles).

Conseil n° 15 - Le passé n'est pas une garantie pour l'avenir (ne laissez pas le passé vous influencer).

Conseil n°16 - Restez rationnel.

Conseil n° 17 - Connaissez vos lacunes. Vous serez mieux armé pour les affronter.

Conseil n° 18 - L'art de ne rien faire (le pouvoir de l'intérêt composé).

Conseil n° 19 - Le facteur latté (un petit peu suffit).

Conseil n° 20 - La règle de 72 (le plan financier le plus rapide du monde).

Conseil n° 21 - Soyez égoïste (votre santé financière doit être entre vos mains).

Conseil n° 22 - Faites le tour du marché (les frais sont importants).

Conseil n° 23 - Les conseillers en placement représentent une grande valeur ajoutée nette.

Conseil n° 24 - Sauter d'un avion sans parachute n'est pas un risque (le risque dans l'incertitude : changez votre façon de percevoir le risque).

Conseil n° 25 - Vous voulez connaître la qualité de votre porte-feuille (ratio de Sharpe = rendement / risque).

Conseil n° 26 - Les trois pires choses qu'un conseiller peut vous faire subir.

Conseil n° 27 - Vous devez toujours être à l'aise avec votre niveau de risque, quoi qu'il arrive.

Conseil n°28 - Essayer d'avoir raison ou de ne pas avoir tort (être actif, pas passif).

Conseil n° 29- Il n'existe pas de « trop gros pour échouer ».

Conseil n° 30 - Comprenez ce que vous achetez et gardez constamment les yeux sur la route.

Conseil n° 31 - L'immobilier n'est pas un investissement.

Conseil n° 32 - Votre capacité (revenu) est votre meilleur argu-ment pour tirer parti de la situation.

Conseil n° 33 - Quand les absurdités du marché commencent à avoir un sens (comprendre où nous en sommes dans le cycle et agir en conséquence).

Conseil n° 34 - Minimisez les pertes pour maximiser les gains (protégez avant tout et le retour viendra).

Conseil n° 35 - Soyez toujours présent sur le marché (vous ne pouvez pas vous permettre de perdre les meilleurs jours).

Conseil n° 36 - Les ours peuvent gagner, les taureaux peuvent gagner, mais les cochons se font toujours massacrer (ne suivez pas aveuglément, faites-vous votre propre opinion).

Conseil n° 37- Ceux qui ont la connaissance ne font pas de prédictions (ne croyez pas tout ce que vous lisez ou entendez).

Conseil n° 38 - Ne laissez pas l'obsession des impôts vous faire commettre des erreurs stupides.

Conseil n° 39 - Ne soyez pas obsédé par la perfection lorsque vous constituez un portefeuille (vous avez besoin de gagnants et de perdants).

Conseil n° 40 - Lentement mais sûrement, la régularité est un atout (la plupart du temps, les petits projets sont gagnants).

Conseil n° 41 - Ne cherchez pas à atteindre la clôture (faites des simples et des doubles, c'est tout ce dont vous avez besoin).

Conseil n° 42 - Soyez intelligent, pas avide (utilisez une approche basée sur des objectifs).

Conseil n° 43 - Le rôle du *GM* et du coach dans la constitution du portefeuille.

Conseil n° 44- Avoir plus de 15, mais moins de 20 postes.

Conseil n° 45 : Ayez au moins 6 secteurs en permanence.

Conseil n° 46 - Diversifiez entre le Canada et les États-Unis.

Conseil n° 47 - Valorisez le style avant la croissance.

Conseil n° 48 - Les sociétés à dividendes sont préférables.

Conseil n° 49 - Une entreprise d'au moins 3 milliards de dollars.

Vous en voulez plus ? J'ai préparé pour vous, mes lecteurs, une liste de contrôle détaillée de mes trucs en matière de sélection d'actions, avec tout le tralala. C'est ma façon de vous dire merci.

RESSOURCES

*B.Shiv, G.Loewenstein, A.Bechara, H.Damasio and A.Damasio, "Investment Behavior and Negative Side of Emotion," Psychological Science16

*D.Kahneman "Prospect Theory (1979)

*S. Asch, "Effects of group pressure upon the modification and distortion of judgment" in Groups, Leadership, and Men (Canergie Press, 1951)

*M.Bar-Eli, O.Azar, I.Ritov, Y.Keidar-Levin, and G.Schein, "Action Bias Among Elite Soccer Goalkeepers: The Case of Penalty Kicks" (Unpublished paper, 2005)

*NYSE Factbook & Forbes (Stock market Becomes Short Attention (2018)

*L.B Alloy, L.Y. Abramson, "Judgments of contingency in depressed and non-depressed students: Sadder but Wiser?", Journal of Experimental Psychology 108 (1979): 441-485

*D.J Simons and C.F Chabris, "Gorillas in our Midst: Sustained Inattentional Blindness for Dynamic Event," Perception 28 (1999)

*Source: Thompson Reuters & Bloomberg

*G.M Cogliati, S.Paleari, S.Vismara, "IPO Pricing: Growth Rates Implied in Offer Prices" (2008)

*H. Arkes and C. Blumer, "The Psychology of Sunk Costs," Organizational Behavior and Human Decision Process 35 (1985)

*A.Dijksterhuis, M.Bos, L.Nordgren, R.Van Baaren "On making the right choice: the deliberation without attention effect" Science 311 (2007): 1005-1007

*S. Frederick, "Cognitive Reflection and Decision Making" journal of Economic Perspectives 19 (2005)

*Daily Sabah Economy "Countries-went-bankrupt in 200 years" (2015)

*Source: Canadian Real Estate Association (Statistics Canada)

*Source Andex Chart 2017

*Canadian Real Estate Association (Statistics Canada)

*T.D. Economics Special Study "Long-Term Trends in Canadian Housing Prices (2013)

*Source: Statistics Canada and Retirement Québec (Le regime en chiffre 2016)

*Source: National Association of Realtors (2006), McMansion: "A Closer Look At The Big House Trend" & L. Smith "The Truth About Real Estate Prices" (2017)

*Source: Aldridge and Krawciw (2017)